Nordsee-Pilgerweg in Nordfriesland: Pilgern mit Hund von Lunden nach Tønder bzw. Løgumkloster

Nordsee-Pilgerweg in Nordfriesland mit Hund

Pilgern mit Hund von Lunden nach Tønder bzw. Løgumkloster

Christian Hottas

Impressum

Bibliografische Information der Deutschen Nationalbibliothek: Die Deutsche Nationalbibliothek verzeichnet diese Publikation in der Deutschen Nationalbibliografie; detaillierte bibliografische Daten sind im Internet unter dnb.dnb.de abrufbar.

© 2024 Christian Hottas, 22393 Hamburg

Verlag: BoD • Books on Demand GmbH, In de Tarpen 42,

22848 Norderstedt

Druck: Libri Plureos GmbH, Friedensallee 273, 22763 Hamburg

ISBN: 978-3-7597-6116-3

INHALTSVERZEICHNIS

Karte Nordfrieslands von 1651 (Ausschnitt)

ii

VORGESCHICHTE

Nachdem ich im Sommer 2022 gemeinsam mit meinem treuen 4-Pfoten-Pilgerbegleiter Kito den **Dithmarscher Jakobsweg** von Friedrichstadt bis nach Glückstadt und von dort auf dem Hauptweg der **Via Jutlandica** über Stade bis zum Anschluss an die **Via Baltica** in Harsefeld gegangen war, entdeckte ich Anfang 2023, dass es bereits seit Juli 2021 einen weiteren, noch relativ unbekannten nördlichen Pilgerweg gibt.

Eigentlich gibt es ihn ja nicht erst seit 2021, sondern seit gut 1000 Jahren als Handels- und Pilgerweg. Nur hatte er in den letzten Jahrhunderten nach und nach an Bedeutung verloren und war dementsprechend weitgehend in Vergessenheit geraten.

Wie der dänische Pastor und Heimatforscher Mads Lidegaard bereits in den 1980er Jahren in seinen Büchern – u.a. „**Haervejen fra Limfjorden til Dannevirke**" (1988) – ausführte, gab es im Mittelalter in Jütland drei Hauptwege, über die der Handel und Verkehr in Nord-Süd-Richtung liefen:

- auf dem Geestrücken von Alborg über Viborg und Schleswig bis Wedel der **Hærvej** (Heerweg, bei uns in Deutschland ist er eher als **Ochsenweg** bekannt),
- etwas weiter westlich von Skive bis Husum der **Studevej** und
- ganz im Westen der von Lidegaard so genannte **Ravvej** (Bernsteinweg), dessen beide Arme von Lemvig bzw. Struer und Holstebro sich in Skjern trafen und zu dem es in Ribe jeweils Zubringer vom Hærvejen und Studevejen gab.

Südlich der Stadt Tondern / Tønder vereinigen sich der Ravvej und der Studevej und ziehen gemeinsam weiter nach Husum.

Alle drei Haupthandelswege haben Zubringer aus dem Norden Jütlands jenseits des Limfjords.

Ganz offenbar handelt es sich bei dem von Lidegaard so genannten **Ravvej** (Bernsteinweg) und dem heute unter dem Namen **Drivvej** (Treibweg, Driftweg) markierten Weg in Südwestdänemark um ein und denselben Weg. Er durchquert südlich von Tondern / Tønder die Region Nordfriesland und setzt sich später in der südlich angrenzenden, bis 1559 teilautonomen Region Dithmarschen als **Dellweg** fort.

Der neue Nordsee-Pilgerweg durchquert nicht nur (wie der einstige Handelsweg) den heutigen Kreis Nordfriesland von Süd nach Nord, sondern zugleich auch die **historische Region Nordfriesland** (nordfriesisch *Nordfraschlönj, Nordfriislon, Nuurdfriisklun* u. a.; plattdeutsch *Noordfreesland*; dänisch *Nordfrisland*), die etwa ein Drittel kleiner ist als das Kreisgebiet, das auch Teile der jütisch-dänisch besiedelten Schleswigschen Geest und Teile Stapelholms umfasst.

Diese <u>Region</u> Nordfriesland, bestehend aus den nordfriesischen Inseln und Halligen sowie dem Küstenstreifen zwischen Eider und heutiger deutsch-dänischer Grenze sowie Helgoland, war vor dem Jahr 800 weitgehend unbewohnt gewesen. Um 800 und nochmals um 1100 kamen dann friesische Siedler hierher, wobei die zweite Einwanderungswelle um 1100 deutlich größer war als die erste um 800. Die erste urkundliche Erwähnung der Nordfriesen geht auf das Jahr 1200 zurück, in dem Saxo Grammaticus eine ausführliche Beschreibung „Kleinfrieslands" gab. Nach den großen Sturmfluten im 14. und 15. Jahrhundert siedelten sich Friesen auch am Rande der Schleswigschen Geest an, also weiter binnenlandig.

Mit den Landesherren, also den Herzögen von Schleswig und den dänischen Königen gab es zahlreiche Konflikte um Steuern und Abgaben. Die Friesen selbst betrachteten sich als weitgehend unabhängig von Dänemark. Die friesisch besiedelten Gebiete waren im Mittelalter in einer eigenen Verwaltungsstruktur organisiert und besaßen ein eigenständiges Rechtssystem.

Dieser Streit um Steuern und Abgaben spiegelt sich auch u.a. in der von Achim Reichel vertonten Ballade *„Pidder Lüng"* von Detlev von Liliencron wider, ebenso wie er der Grund für die Schlacht bei Oldenswort vom 29. Juni 1252 war, an die direkt neben unserem Weg ein Gedenkstein erinnert. Damals hatte der dänische König Abel die Weigerung der Friesen als persönliche Missachtung aufgefasst und mit einem Feldzug beantwortet. Er hatte damit allerdings kein Glück, sondern fiel in dieser Schlacht.

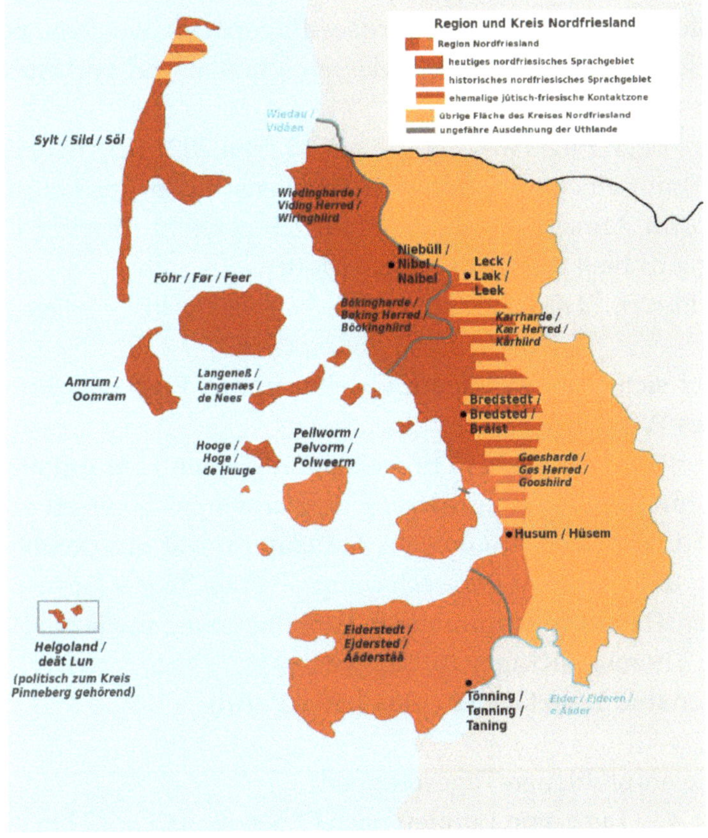

Quelle: Wikipedia

DER „NEUE" NORDSEE-PILGERWEG VON 2021

Der „neue" **Nordsee-Pilgerweg** von 2021 verläuft zwischen Husum und Tondern / Tønder eigentlich im Bereich des historischen westlichen Ochsenwegs (Ravvejen bzw. Drivvejen). Die Initiatoren des Nordsee-Pilgerwegs hatten durchaus auch Kenntnis dieses historischen Wegs. Gleichwohl entsprechen nur kurze Abschnitte dessen Wegverlauf. Insbesondere die ersten, weiter südlichen Etappen des Nordsee-Pilgerwegs weichen bewusst von ihm ab und folgen stattdessen schönen und verkehrsarmen bzw. verkehrsfreien Wegen.

Der neue Pilgerweg wurde am 13. Mai 2021 (Christi Himmelfahrt) mit einem feierlichen Gottesdienst unter der Leitung von Pröpstin Annegret Wegner-Braun eingeweiht. Bischof Gothart Magaard hielt die Predigt. Sein Motto

„Pilgern ist die Einladung, einen Weg ins Innere zu gehen, zu mir selbst und zu Gott."

findet sich auch in seinem Geleitwort zur **Pilgerwegbroschüre** dieses Wegs.

Diese Broschüre besteht aus einem kleinen Heft mit allgemeinen Informationen zu diesem Weg sowie zu diversen zusätzlichen Exkursionen und sechs Faltblättern mit Streckenbeschreibung und Karte zu den sechs empfohlenen Tagesetappen. Sie ist in den Tourismusinformationen am Pilgerweg sowie bei Pastorin Inke Thomsen-Krüger (oldenswort@kirche-eiderstedt.de) zu beziehen und kostet 4,95 € (plus 1,60 € Porto).

Die empfohlenen Tagesetappen:
- Tag 1 von Lunden nach Oldenswort, ca. 17 km

- Tag 2 von Oldenswort nach Husum, ca. 27 km
- Tag 3 von Husum nach Breklum, ca. 22 km
- Tag 4 von Breklum nach Leck, ca. 25,5 km
- Tag 5 von Leck nach Niebüll, ca. 19,5 km
- Tag 6 von Niebüll nach Tondern, ca. 27,5 km
- möglicher Anschlusstag: von Tondern nach Løgumkloster, ca. 21 km

In Oldenswort gibt es eine Pilgerunterkunft im Gemeindehaus. Ansonsten werden Jugendherbergen bzw. kirchliche Bildungseinrichtungen empfohlen.

Meine erste Recherche ergibt, dass Kito zumindest in Oldenswort und in der Jugendherberge in Tondern willkommen ist. In den übrigens gelisteten Unterkünften ist dies nicht der Fall, weshalb ich meine Übernachtungsplanung auf kirchliche Gemeindehäuser in den Zielorten (oder deren Nähe) ausrichte.

Natürlich frage ich dort sicherheitshalber zuvor per Mail an und erhalte rechtzeitig die erhofften Zusagen, wobei wir die jeweiligen Gemeindehäuser fast immer ganz für uns haben.

PACKLISTE SOMMER 2024

Bei nur sechs Pilgertagen mit dem 4-Pfoten-Pilger nehme ich nur leichtes Gepäck mit. Die Packliste sieht wie folgt aus:

Transport & Schlafen:

- ✓ 45-l-Rucksack mit passendem Regenschutz
- ✓ Indoor-Deckenschlafsack (rechteckig, um mehr Fußraum für Kito zu haben)
- ✓ Isomatte (aufblasbar)

Kleidung:

- ✓ Regenjacke
- ✓ Folienponcho (65 g, schützt zusätzlich den Rucksack)
- ✓ Fleecejacke (am Körper)
- ✓ 3 T-Shirts (eins am Körper, zwei im Rucksack)
- ✓ 2 lange Wanderhosen (eine am Körper, eine im Rucksack)
- ✓ Wanderschuhe (am Körper)
- ✓ Mütze / Basecap

Ausrüstung:

- ✓ Stirnlampe mit Ersatzbatterien
- ✓ Handy mit Ladegerät
- ✓ Kamera Canon 100D mit 2 Ersatzakkus und Ladegerät
- ✓ Laptop mit Netzteil & Maus
- ✓ Brustbeutel (Klarsicht)
- ✓ Gürtel mit Flaschenhalter
- ✓ Trinkflasche, Becher & Besteck

Dokumente etc.:

- ✓ Personalausweis, Impfnachweis
- ✓ Bargeld, EC-Karte

- ✓ Fahrkarten (Anreise)
- ✓ Pilgerpässe
- ✓ Unterkunftsliste, Buchungsunterlagen (im Laptop)
- ✓ Pilgerführer & Wanderkarten
- ✓ Notizbuch & Kugelschreiber

Körperpflege etc.:

- ✓ Zahnbürste & Zahnpasta (Minitube),
- ✓ Shampoo (Minipackung)
- ✓ Papiertaschentücher
- ✓ Handtuch
- ✓ Melkfett
- ✓ Clotrimazol (Fußpilzcreme, sicher ist sicher!)
- ✓ Pflaster bzw. Tape

Kito:

- ✓ Regenschutz
- ✓ 3 leichte Plastikschälchen für Wasser & Futter
- ✓ Trockenfutter, Leckerlis & Sticks
- ✓ „Schietbüddel"

Verpflegung:

- ✓ 2-4 Brötchen (täglich neu gekauft)
- ✓ 1 Dose Teewurst (hält sich ungekühlt am besten)
- ✓ Camembert (reift im Rucksack nach, ohne zu verderben)
- ✓ 2 Cabanossi (zusammen 300 g, ungekühlt haltbar)
- ✓ 1 Krakauer (375 g, ungekühlt haltbar)
- ✓ 1 Tütensuppe
- ✓ Weingummi & Kaubonbons

Je nach Temperaturen und Regenwahrscheinlichkeit wäre darüber hinaus mehr warme Kleidung und auch eine Regenhose angebracht.

01.07.2024 – TAG 1
VON LUNDEN NACH OLDENSWORT
21,2 KM

Nachdem ich gestern noch bis weit nach Mitternacht diverse liegengebliebene Aufgaben abgearbeitet habe, stehe ich heute früh um sieben Uhr auf, packe die bereitgelegten Ausrüstungsteile in den Rucksack und schaffe – wie geplant – die S-Bahn um 8:38 Uhr. Kurz vor Ohlsdorf, unserer vierten Station, realisiere ich jedoch, dass das Netzkabel meines Laptops noch zu Hause liegt. Das jedoch ist unverzichtbar.

Also fahren Kito und ich zurück, holen das Teil und sind um 9:28 Uhr wieder in der S 1. Wir fahren bis Altona durch, kaufen dort noch ein paar Brötchen und nehmen den sehr vollen RE 6 nach Westerland, der uns kurz nach halb eins in **Lunden** abliefert. Kito ist lieb und entspannt und schläft, auf meiner Fleecejacke liegend, die meiste Zeit.

In Lunden finden wir rasch und problemlos den Weg zur **St. Laurentius-Kirche.** Hier waren wir vor fast genau zwei Jahren schon einmal, als wir den Dithmarscher Jakobsweg pilgerten.

Das Besondere an dieser Kirche ist der ihn umgebende **Geschlechterfriedhof.** Hier ließen die reichen und einflussreichen im Kirchspiel ansässigen Familien und Geschlechter ihre Toten in imposanten Grüften beisetzen. Die Grüfte waren fest mit den dazu gehörigen Bauernhöfen verbunden, wurden also – wie analog bei Rittergütern üblich – bei Besitzerwechsel der Höfe mit weitergegeben. Von den im Jahr 1823 dokumentierten 19 Grüften hier sind 13 noch erhalten.

Wir betrachten einige der einst prächtigen, alten Grabsteine und Deckplatten, besichtigen ein zu diesem Zweck offenstehendes Grabgewölbe und anschließend auch die Kirche.

Die St. Laurentius-Kirche in Lunden steht erhöht auf einem Hügel.

Grabsteine und Eingang zu einer der Grüfte des Geschlechterfriedhofs Lunden

Interieur der St. Laurentius-Kirche Lunden mit dem vierzigarmigen Kronleuchter von 1774

weites Land mit Wind, Wolken, Regen und Sonnenschein

Letztere ist bis auf den erhaltenen vierzigarmigen Kronleuchter von 1774 recht schlicht ausgestattet, was jedoch auch daran liegt, dass sie 1559 und 1834 durch zwei verheerende Brände schwere Schäden hinnehmen musste.

Kurz nach 13 Uhr pilgern wir weiter. Wir folgen der Claus-Harms-Straße bis in den Nachbarort **Lehe** und biegen dort nach links in die Ringstraße ab. An ihrem Ende folgen wir dem alten Deich, auf dessen Deichkrone ein verkehrsfreier Anlieger-/Wirtschaftsweg ist. Dabei passieren wir *„Liebevoll hinterm Deich"*, ein Café mit Gästehaus und Ferienwohnungen. Leider ist das Café nur freitags bis sonntags von 9-18 Uhr geöffnet, sonst wären wir wohl auf ein Stück Kuchen dort hängengeblieben.

Das Wetter ist durchwachsen: um und bei 18 °C, dabei im steten Wechsel, Wind, Wolken, Regen und Sonnenschein. Einen etwas heftigeren Schauer kurz vor **Wollersum** können wir in einem Buswartehäuschen aussitzen. Der Ort, den wir kurz darauf erreichen, ist nicht mehr als eine kleine Häusergruppe.

Hier machen wir direkt an der Eider einen entscheidenden Fehler. Da ich aus der durchaus korrekten Wegbeschreibung nicht richtig schlau werde und die Kartenskizze nicht hinzuziehe, schlage ich hier den Weg auf der Eiderdeichkrone nach rechts, also nach Norden, ein. Der ist zwar schön und Natur pur – er geht mitten durch zwei Rinderweiden und über zwei Gatter, aber er ist leider falsch. Erst nach gut 20 Minuten bemerke ich meinen Fehler und kehre um. Kito rennt entspannt vorweg und findet diesen Abstecher Klasse. Mich reut ein wenig der Kraft- und Zeitverlust. Schließlich sind meine Beine nach meinem gestrigen Marathon sowieso nicht frisch.

Im zweiten Anlauf finde ich endlich den richtigen Weg, einen Betonspurweg am binnenseitigen Deichfuß des Nesserdeichs. Als eine Radfahrerin aufschließt, kommen wir ins Klönen. Sie ist vor etwa zehn Jahren diverse spanische Caminos gepilgert. Als der nächste Schauer naht, trennen wir uns, und sie enteilt. Kito und ich stellen uns kurz unter, und ich ziehe den Folienponcho über. Aber da ist der Schauer auch bereits vorbei.

Am Schöpfwerk Nesserdeich vorbei, gehen wir zum Lundener Weg und dort rechts bis zum Weg Zur Fähre, in den wir rechts einbiegen und dort in einem Unterstand kurz rasten.

Wir unterqueren die nahe B 5 und folgen dann dem linksseitigen, also westlichen, Radweg über die **Eiderbrücke**. Hier ist es nicht nur recht verkehrsreich, sondern auch ziemlich windig, was Kito eindeutig nicht mag. Er strebt mit Macht voran, um diesen Abschnitt schnell hinter sich zu bringen.

Dafür legen wir wenig später auf einem kleinen Rastplatz an der B 5 ein weiteres Picknick-Päuschen ein. Direkt hinter einer kleinen Brücke verlassen wir die B 5, gehen eine ziemlich zugewachsene Treppe hinunter zur Dithmarscher Straße in **Tönning** und folgen dieser am THW-Stützpunkt und dem Feuerwehrgerätehaus vorbei in ein Industriegebiet. Hier gibt es jeweils einen LIDL-, REWE- und ALDI-Markt. Da es nach meinem Kenntnisstand in Oldenswort keine Läden gibt, kaufe ich noch Weingummi, Teewurst, drei Brötchen und eine Packung Bratkartoffeln, die ich heute Abend in der Pilgerherberge aufbraten will.

Wir unterqueren noch die B 202 und biegen kurz darauf nach links in den Ellworther Weg, eine kleine Landstraße oder vielmehr einen asphaltierten Wirtschaftsweg, der uns nach Oldenswort führt. Da eine andere Straße in der Nähe Baustellen-bedingt gesperrt ist, weichen offenbar viele betroffene Autofahrer auf diesen Weg aus. Jedenfalls ist hier unerwartet viel Autoverkehr.

Ein flacher, nur noch knapp drei Meter hoher, von dichtem Baumbestand zusätzlich „getarnter" Hügel erweist sich laut Hinweisschild als Standort der ältesten Eiderstedter Siedlung. Die einst fünf Meter hohe und bis fünf Hektar große **Warft Tofting** liegt in der Nähe eines alten Eiderlaufs.

Die Treppe hinauf zur Eiderbrücke der B 5 bei Tönning…

… und die Brücke hinunter ins Gewerbegebiet Tönnings werden offenbar wenig genutzt.

Warft Tofting

Dieser Abschnitt unseres Pilgerwegs (auf der Höhe Hoyersworts) wird gerade neu ausgebaut, ist aber noch nicht ganz fertig.

Wie zuvor die Schafe beäugten uns auch die Rinder neben unserem Weg interessiert.

Silhouette Oldensworts mit der Pfarrkirche St. Pankratius als Landmarke

Um 100 n. Chr., in der älteren römischen Kaiserzeit, ließen sich hier erstmals Menschen auf hoher, noch unbedeichter Marsch nieder. Sie bauten Häuser, hielten Rinder, Schafe, Schweine und Pferde und bauten Gerste, Flachs und Pferdebohnen an. Durch Dung- und Kleiauftrag gewannen die einzelnen Hofplätze an Höhe und Größe, so dass im 4. und 5. Jahrhundert die noch sichtbare, damals dicht besiedelte Dorfwarft entstand. Während der Völkerwanderungszeit wurde die Siedlung ganz oder weitgehend aufgegeben und erst im frühen Mittelalter während der friesischen Landnahme wieder in Besitz genommen. Das letzte Gebäude hier, ein Haubarg, brannte 1885 ab.

Die verbleibenden Wege nach **Oldenswort** sind quasi selbsterklärend und leicht zu finden, wobei wir die Gebäude des Adligen Guts **Hoyerswort** rechts sehen können. Da ich hier bereits zweimal war, das Café dort in weniger als zehn Minuten schließt und wir zudem zügig ins Tagesziel wollen, verzichten wir auf einen Abstecher und bleiben auf unserem Weg, dessen nächster Kilometer gerade eine neue Wegdecke bekommt. Da die Baustelle aber gerade „ruht", gehen wir mittendurch.

Am Ortseingang Oldensworts entdecke ich einen Gedenkstein an die Schlacht auf dem Königskamp am 29.6.1252. Hier traf der dänische König Abel, geboren 1218 und seit 1232 Herzog von Schleswig, auf das friesische Heer. Er hatte zuvor von den Friesen in seinem Herzogtum höhere steuerliche Abgaben gefordert hatte, die diese ihm verweigerten. So suchte er die Entscheidung im Kampf. Die Friesen siegten; Abel fiel in der Schlacht.

Ich versuche, Pastorin Imke Thomsen-Krüger anzurufen. Aber mein am Vortag frisch aufgeladener Handyakku ist leer, und so kann ich nicht telefonieren. Doch wir haben Glück: Als wir das Gemeindehaus in der Osterender Chaussee 3 um 18:45 Uhr erreichen, ist es geöffnet, und wir treffen einen anderen Gast an, der die Pastorin für uns anruft und uns anschließend auch unser Zimmer zeigt.

Kito ist hungrig und durstig, verschlingt einiges an Trockenfutter (und später auch noch an Bratkartoffeln) und trinkt sein Schälchen fast leer. Danach schläft er auf dem Teppich in der Zimmermitte ein.

Nachdem ich geduscht habe, gehen wir gegen 20 Uhr in den großen Gemeinschaftsraum, wo Kito auf meiner Fleecedecke weiterschläft, während ich die Bratkartoffeln zubereite und mit dem anderen Gast klöne. Danach schreibe ich unsere heutigen Erlebnisse nieder und chatte zwischendurch mit Christine, während im Hintergrund das EM-Achtelfinalspiel zwischen Portugal und Slowenien läuft. Nachdem sich Portugal im Elfmeterschießen mit 3:0 durchgesetzt hat, gehen Kito und ich noch eine letzte Runde für den Kleinen. Dann ist Nachtruhe.

Erkenntnis des Tages: Trotz der drei „Stolpersteine" (eine Stunde Zeitverlust bei der Anreise, falscher Abzweig am Eiderdeich und plötzlich leerer Handy-Akku) war es ein schöner Pilgertag. Es gab in Lunden, Tönning und kurz vor Oldenswort ein wenig Déjà-vu, ansonsten aber jede Menge neue Eindrücke. Und es war wieder einmal ein langer Tag.

Tageskilometer (einschließlich Anreise): 21,2 km

Gesamtkilometer: 21,2 km

02.07.2024 – TAG 2
VON OLDENSWORT NACH HUSUM
26,8 KM

Als mein Handywecker um 8:10 Uhr klingelt, sind Kito und ich bereits wach. Ich habe sehr gut geschlafen. Wir schmusen noch bis halb neun intensiv und stehen dann auf. Kitos Frührunde nutzen wir, um die **Pfarrkirche St. Pankratius** zu besichtigen.

Auf dem sehr gepflegten Friedhof fällt mir ein Grab besonders auf: Es erinnert an **Admiral Gustav Friedrich August von Thomsen** (6.8.1846 - 26.9.1920), seinen Vater Adolf Theodor Thomsen (14.3.1814 - 10.10.1891) und seinen Großvater Peter Thomsen. Eine Tafel neben dem Grab informiert:

„Ursprünglich aus bescheidenen Verhältnissen stammend, jedoch begabt, aufmerksam und zielstrebig erwarben sie Bildung, Besitz und Ansehen in Politik und Gesellschaft ihrer jeweiligen Zeit. Peter Thomsen war Bürgermeister in Tönning und später Kanzleideputierter in Kopenhagen. Adolf Theodor Thomsen bewirtschaftete die in Oldenswort gehäuften Ländereien seines Vaters. Zudem war er Lehnsmann, Ratmann und Oberstaller von Eiderstedt. Des Weiteren engagierte er sich als Abgeordneter in der Politik in Schleswig-Holstein. Friedrich August von Thomsen, 1913 geadelt, war Admiral der kaiserlichen Marine und gilt als Reformer der Seekriegsschießkunst."

Gegen 9:15 Uhr treffen wir Pastorin Inke Thomsen-Krüger, unsere Gastgeberin. Ich erfahre einige wichtige Informationen zum Pilgerweg sowie zu Oldenswort, der Kirche und der Familie Thomsen.

Danach frühstücken wir, packen und sind kurz vor 10:30 Uhr endlich unterwegs.

Pfarrkirche St. Pankratius in Oldenswort

Wir sind unterwegs zu neuen Abenteuern – aktuell noch bei trockenem Wetter.

Im Ortszentrum unweit der Kirche entdecke ich drei Bronzetafeln, die an **Thusnelda Kühl** (14.8.1872-24.7.1935, Heimatdichterin), **Dr. August Geerkens** (14.2.1875-14.6.1964, Heimatforscher, 1913 Gründer des Eiderstedter Heimat- und Geschichtsvereins, 1911-1928 Förderer und erster Leiter des Eiderstedter Heimatmuseums) sowie **Ferdinand Tönnies** (1855-1936, Begründer der Soziologie in Deutschland) erinnern. Die beiden letztgenannten wurden hier in Oldenswort geboren.

Daneben gibt es eine Solarbank zum Aufladen von Handys und e-Bikes. Die hätte ich gestern Abend finden müssen!

Außerdem passieren wir auf unserem Weg aus dem Ort heraus einen kleinen Laden (Unse Koopmann).

Der schmale Wirtschaftsweg durch die grüne, flache Landschaft ist hübsch, aber erstaunlicherweise nicht verkehrsfrei. Neben einigen Radfahrern sind auch einige Dutzend Autos hier unterwegs. Allerdings sind die Fahrer außerordentlich rücksichtsvoll.

Ich kann auch problemlos die Kirchtürme Lundens und Tönnings entdecken und damit unsere gestrige Etappe nachvollziehen.

Das Wetter meint es heute weniger gut mit uns. Nach einer Dreiviertelstunde zieht Nieselregen auf, der zwischendurch immer wieder in richtigen Regen übergeht.

Mangels Wegmarkierung – der Pilgerweg hat aus juristischen Gründen keine eigene Markierung und die des Radweges zeigt geradeaus – verpassen wir den Linksknick unserer Route und gelangen so an die Landstraße, die uns von Süden nach Witzwort führt.

In **Witzwort** – der Ort wurde 1352 erstmals urkundlich erwähnt und bedeutet so viel wie „Wurt des Wido" – nehmen wir Zuflucht in der **St. Marien-Kirche**, die glücklicherweise eine „offene Kirche" ist. Sie ist zudem auch wunderschön.

St. Marien-Kirche in Witzwort, Blick von Norden

Die einschiffige gotische Backsteinkirche wurde um 1420 auf einer Warft erbaut. Die Seitenwände des Kirchenraumes stammen noch aus dieser Zeit. 1631 wurde ein separater hölzerner Glockenturm hinzugefügt. Der ebenfalls 1631 errichtete, inzwischen baufällige Chorraumanbau wurde 1898 durch einen neugotischen Neubau ersetzt. Zwei Kruzifixe in der Kirche sind noch älter als die Kirche, wobei das links des Chorbogens angebrachte Triumphkreuz auf das Jahr 1270 datiert wird.

Der reich geschnitzte Flügelaltar entstand um 1520 und ähnelt dem etwas älteren Altar der Nikolaikirche in Kotzenbüttel. Die Renaissancekanzel von 1583 ist wie die Kanzel der St.-Christians-Kirche in Garding ein Hauptwerk des sogenannten Eiderstedter Typs, wobei der Kanzelkorb hier in Witzwort besonders hoch ist, weil der damalige Pastor Laurens Adsen zwei Meter groß gewesen sein soll. Später wurde dann (für seine normal-großen Nachfolger) ein erhöhter zweiter Innenboden eingefügt.

Als wir nach einer Viertelstunde wieder aufbrechen, hat der Regen weitgehend nachgelassen, nieselt es nur noch leicht. Die Häuser der Dorfstraße haben interessante Infoschilder zu ihrer Geschichte und der ihrer Erbauer und Besitzer.

Hinter dem Ort mündet schließlich die Strecke des Pilgerwegs in unsere Straße, so dass wir nun wieder richtig sind. Der Pilgerweg hatte Witzwort nordwestlich umkurvt, wobei seine und unsere Route ziemlich gleichlang sind.

„Ferienhaus Frei" in Porrendeich

Als wir den Abzweig nach **Porrendeich** erreichen, regnet es gerade wieder einmal sehr. Kito ist ganz verzweifelt. Er will sich seinen Regenmantel einfach nicht anziehen lassen, vielmehr versteckt er sich unter einem dort abgestellten Anhänger. Ich erwäge, auf den Abzweig nach Porrendeich und Uelvesbüll einschließlich des Seedeichs gen Nordosten zu verzichten und den direkteren Weg nach Husum einzuschlagen. Wir haben heute mit

27 Kilometern sowieso eine ziemlich lange Etappe, die keine zusätzlichen Regenunterbrechungen verträgt.

Ich verwerfe indessen die Idee einer Abkürzung und schlage den Weg nach Porrendeich ein. Die kleine Straße ist sehr hübsch. Kito findet ein Bushaltestellenwartehäuschen, das jedoch bereits von zwei Radfahrern besetzt ist.

unter Denkmalschutz stehender Grabstein für Margareta Hans vor dem Haubarg Leutnantshof

Rechts entdecke ich eine aufrecht gestellte einstige Grabplatte vom Haubarg Leutnantshof mit folgender Inschrift:

Anno 1614 Den 25 DE
CEMBERis de tugendsa
Me Jungfrawe Marg
Areta Hans selich im
Hern entslapen eres
Olders im 18 Jahr. Der
Sele Got Gnedich si.
HODIE MH CRAS TIBI
(Heute mir morgen dir)
Lt. einer Sage soll Margareta Hans das Mädchen gewesen sein, das bei einem
großen Fest auf Hoyerswort vom Tanze nicht genug bekommen konnte. War-
nungen schlug es übermütig in den Wind und meinte, dass es selbst dem Teufel
keinen Tanz abschlagen würde. Danach kam ein Unbekannter herein und for-
derte es zum Tanze auf. Er schwenkte es so lange im Saal herum, bis es tot
umfiel.
War der Unbekannte der Teufel?

Kurz vor Uelvesbüll entscheide ich an einer kleinen Kreuzung,
dem Wegweiser „Zum Zuckerschiff – Fundstelle" und damit
auch dem Radweghinweis „Simonsberg 2,4 km" zu folgen. Das
ist ein Fehler. Dieser Weg endet am Deichfuß mit einem Wende-
hammer. Hier wurde im Juli 1994 bei Bauarbeiten das fast voll-
ständig erhaltene Wrack eines um 1600 erbauten holländischen
Frachtseglers gefunden, das – nach Konservierung in einer Zu-
ckerlösung (daher der Name) – nun im Museum in Husum zu
besichtigen ist.

Die Wege nach links und rechts sind beide unbefestigt und
überwuchert, ohne dass zu erkennen ist, welches der Radweg
nach Simonsberg sein soll. Und einen Zuweg auf die Deichkrone
vor uns gibt es auch nicht.

Da ich annehme, dass dieser Deich der Seedeich und nicht einer der vielen Binnendeiche ist, nehmen wir den Weg nach
rechts. Der ist hüfthochzugewachsen und pitschnass. Nach weniger als zehn Meter sind wir beide total durchnässt. Kito wirkt
ähnlich verzweifelt wie ich. Müssen wir hier wirklich durch,

32

scheint sein Blick zu fragen. Egal – wir sind jetzt eh nass, also weiter und durch.

Am zweiten Windrad ist der Weg zu Ende, ohne dass wir eine Straße erreicht haben. Ich schlage mich rechts des Windrades auf ein Rapsfeld durch, an dessen Rand es weitergeht.

Dies ist, wie sich wenig später zeigt, definitiv der falsche Weg.

Nach einem Graben folgt ein nur kniehohes Maisfeld. Allerdings bin ich plötzlich allein! Am Windrad war Kito noch bei mir, jetzt aber nicht mehr! Ich gehe zurück ins Rapsfeld, rufe seinen Namen und den Superrückruf. Und plötzlich tobt es durch den Raps auf mich zu. Wir sind beide überglücklich, uns wiederzuhaben.

Jenseits des Rapsfeldes erklimme ich eine Böschung auf allen Vieren und erkenne, dass wir wieder auf der Straße von Porrendeich nach Uelvesbüll sind, auf der wir hierhergekommen sind! Ein Autofahrer, den ich anhalte, bestätigt meine Erkenntnis.

Ich habe keinen Sinn mehr für einen zweiten Versuch zum richtigen Aufstieg dem acht Kilometer langen Abschnitt auf dem Seedeich, zumal es immer noch heftig regnet und der Wind weiter kräftig stürmt. Nun gehen wir halt zurück. Wenigstens ist das Wartehäuschen an der Bushaltestelle **Porrendeich Dreieck** jetzt frei, so dass wir dort trocken und geschützt rasten können.

Statt über Porrendeich und Uelvesbüll gehen wir nun über Simonsberg nach Husum.

Über die Landstraße gehen wir nun nach **Simonsberg**, wobei diese Straße immerhin einen Geh-/Radweg hat. Jedenfalls bis Simonsberg. Danach haben wir knapp einen Kilometer ohne einen solchen, bevor wir in einen Spurweg nach Norden abbiegen. Dieser schnurgerade Wirtschaftsweg führt uns direkt auf ein Wäldchen zu, in dem mittig ein hübscher kleiner Haubarg steht.

Hier gehen wir dann rechts, also gen Osten, und erreichen bald die nach Norden führende Landstraße (mit Geh-/Radweg) nach **Finkhaus**. Dort in Finkhaus treffen wir wieder auf unseren Pilgerweg.

Wir passieren die Husumer Hafenanlagen und biegen an der ersten Ampelkreuzung nach links ab. An der nächsten Ampel geradeaus gehend, erreichen wir Husums Hafenspitze. Der Hafen hat aber gerade Ebbe, so dass wir hier mehr Schlick als Wasser sehen. Dank einer Infotafel mit Stadtplan können wir uns problemlos orientieren. Am Markt hole ich in der Schwan Apotheke noch eine Tube Clotrimazol – sicher ist sicher nach so vielen Stunden in nassen Schuhen, ehe wir an der Stadtkirche St. Marien vorbei Kurs auf unser heutiges Übernachtungsziel nehmen. Unterwegs passieren wir zu unserer Rechten noch den alten Friedhof St. Jürgen mit dem Grab Theodor Storms und dem gleichnamigen einstigen Armenstift, in dem heute ein (sicherlich nicht mehr so armes) Seniorenstift untergebracht ist.

Gegen 18:15 Uhr rufe ich Pastorin Heike Braren an und wir verabreden uns um 18:30 Uhr am Bonhoefferhaus. Wir sind um 18:21 Uhr da, und um Punkt halb sieben erscheint auch Herr Braren. Er zeigt uns das Haus, in dessen einzigem Raum im Obergeschoss, dem Jugendraum, wir untergebracht werden.

Bis 19:45 Uhr ist nun Kuscheln und Ausruhen angesagt. Dann breche ich alleine ohne Kito auf, gehe nochmals ins Zentrum zum Markt, zur St. Marien-Kirche und zum Rathaus. Auf dem Rückweg hole ich eine Döner Box, die Kito, der die Zeit meiner Abwesenheit verpennt hat, und ich uns dann teilen.

Danach beginne ich meine Aufzeichnungen, und gegen 22 Uhr telefoniere ich noch ausgiebig mit Christine. Etwa eine halbe Stunde vor Mitternacht gehen wir dann Kitos Abendrunde, die auch sehr nötig ist, und krabbeln dann in meinen Schlafsack auf der Isomatte.

Erkenntnis des Tages: Wir sollten doch strikt auf der empfohlenen Strecke bleiben und keine noch so kurzen Abweichungen versuchen! Aber bei Regen und heftigem Wind haben wir uns – vor allem Kito – so ungeplant acht Kilometer Seedeich-

krone erspart, die trotz circa 18 °C sehr unkommodig kalt geworden wären. Ansonsten waren die etwa 25-27 Kilometer gut zu schaffen.

Tageskilometer: 26,8 km

Gesamtkilometer: 48,0 km

Husumer Hafen bei Ebbe

NACHTRAG (26.7.2024): DEICHWEG VON UELVESBÜLL NACH FINKHAUS

Da ich selbst auf das neulich ausgelassene Teilstück von Uelvesbüll nach Finkhaus neugierig bin und es natürlich auch hier beschreiben möchte, erkunden Kito und ich dieses Stück am 26. Juli nach. Kurzentschlossen schließt sich Christine uns an. Sie möchte ihren neuen Pilgerwagen, den sie sich für die Via Lemovicensis im Herbst zugelegt hat, unter realen Bedingungen testen.

Wir reisen mit ihrem Auto bis Finkhaus an, parken ihren Wagen dort und gehen zur Bushaltestelle Finkhaus Lundenberg. Von hier wollen wir per Bus zum Abzweig Porrendeich (Haltestelle Roter Haubarg) fahren. Leider ist der Bus aber ein Großraumtaxi, dessen Fahrer für zwei Personen mit einem Hund und einem Pilgerwagen gar nicht erst hält…

Ärgern hilft uns hier nicht. Wir gehen zum Auto zurück und fahren nun selbst zum Abzweig nach Porrendeich, wo wir das Auto im Grasstreifen rechts neben der Straße parken.

Zeitgleich mit unseren ersten Schritten beginnt es erneut zu regnen. Petrus ist offenbar um authentische Pilgerbedingungen für uns bemüht. Aber so ganz gleich sind diese dennoch nicht. Zum einen haben Kito und ich heute frische Beine, und zum zweiten trage ich heute nur einen leichten Tagesrucksack und nicht den 10-11 Kilogramm schweren großen Pilgerrucksack. So fällt mir der Weg heute deutlich leichter.

Wir umkurven erneut die vier **Wehlen** – Elliensdeepwehle zu unserer Rechten sowie Sandwehle, Schluppwehle und Große Wehle zu unserer Linken. Bei diesen vier Teichen handelt es sich um Auskolkungen nach Deichdurchbrüchen im 16. Jahrhundert, die man danach nicht wiederaufgefüllt hat, sondern um die man anschließend den Deich und die Straße herumgeführt hat. (Im Hamburger Umland sind dafür die Begriffe Brack, Bracke oder Kolk üblich.) Westlich dieser Wehlen stehen die meisten Häuser dann auf dem Deich links neben der Straße.

Auch wenn es heute so vor sich hin nieselt, so ist das Wetter signifikant besser als vor 23 Tagen. Und da ich mir meine Orientierungsfehler von neulich inzwischen bei Google Maps genau angesehen habe, kann ich heute genau nachvollziehen, wo ich sie begangen habe.

Abgesehen davon, gehen wir heute nicht den Weg nach rechts zum Fundort des Zuckerschiffs, sondern den geradeaus, der uns direkt zum Seedeich führt. Während Kito und ich diesen per Treppe besteigen, wählt Christine mit dem Pilgerwagen einen schräg zur Deichkrone aufwärts führenden Fahrweg.

auf dem ersten Abschnitt des Seedeiches

Die Sicht auf das Deichvorland, die Nordsee und hinüber nach Nordstrand sowie vor allem auch das Fotolicht ist mehr als bescheiden. Bei Sonnenschein und klarer Sicht ist dieser Abschnitt ganz sicher ein Genuss. So aber gehen wir durch nasse, ungemähte Graswege und habe ich im Nu wieder nasse Schuhe, Socken und Hosenbeine. Während Kito und ich gut einen Kilometer hier oben zurücklegen, dreht Christine rasch um und folgt uns auf dem binnenseitigen Deichfußweg.

Von hier oben habe ich einen guten Überblick zum Fundort des Zuckerschiffs und dem Weg, den wir neulich nach links hätten gehen sollen.

Als wir einhundert Meter später das **Naturschutzgebiet Wester-Spätinge** erreichen, verlasse ich ebenfalls die Deichkrone und gehe gemeinsam mit Kito und Christine den asphaltierten landseitigen Weg neben dem Deich. Die Wasserfläche des 27 Hektar großen Gebiets, das seit 1978 unter Naturschutz steht, entstand bereits im 16. Jahrhundert, als man hier Material für den Deichbau entnahm.

Wenig später passieren wir die Halbmondwehle und erreichen dann das westliche Ende der Simonsberger Bebauung, die hier bis an den Seedeich heranreicht. An einer Buswende besteigen wir erneut die Deichkrone. Hier ist das Gras von den vielen hier weidenden Schafen kurzgehalten. Dafür haben die „Pulloverschweine" hier jede Menge „Tretminen" verteilt. Kito ignoriert die völlig und tritt ungeniert hinein, und auch die Reifen des Pilgerwagens nehmen ihren Anteil mit.

Erfreulicherweise hat das Wetter ein wenig aufgeklart, was mir doch einige ganz brauchbare Fotos ermöglicht, darunter auch die ersten von Christine und ihrem Pilgerwagen.

Seedeich bei Simonsberg

Blick ins Deichvorland bei Simonsberg

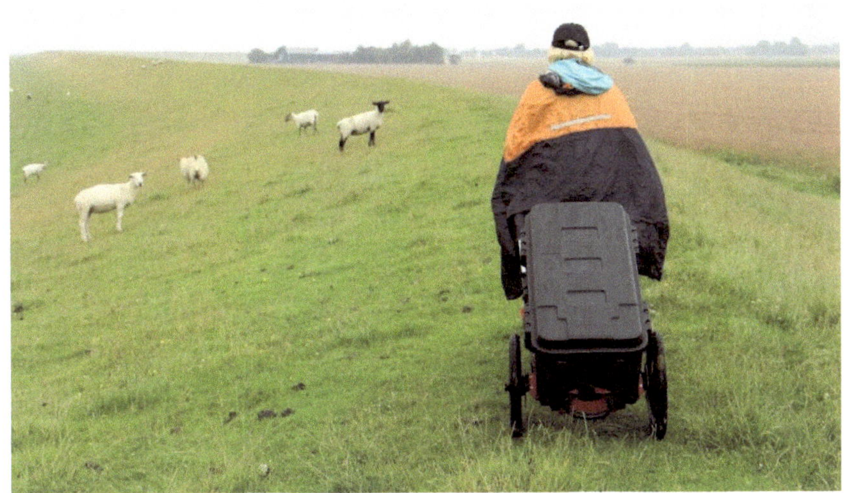

Pilgerwagennomadin auf dem Seedeich

Pilgerwagen macht scheinbar Spaß.

Deichabschnitt zwischen Simonsberg und Lundenbergsand

Pause mit Kaffee und Eis vor der Campingplatzrezeption

Diesmal bleiben wir 2,6 Kilometer hier oben, bis wir bei **Lundenbergsand** zwischen dem Hotel Nordsee und dem Nordsee-Camping zum Seehund wieder auf die Straße wechseln. Weitere 300 Meter weiter haben wir die Einfahrt zum Campingplatz erreicht. Vor dem Rezeptionsgebäude gönnen wir uns eine Pause in einem Strandkorb. Mit Christines Pilgerwagen als Tisch genießen wir jeder einen Becher Kaffee und ein Eis.

Beim Weitergehen entdecken wir 400 Meter weiter, zwischen dem Campingplatz und dem anschließenden öffentlichen Parkplatz, einen Imbisswagen, der hier während der Feriensaison mittwochs bis sonntags von 14:30 bis 20:30 Uhr geöffnet ist. Die hausgemachte Frikadelle dort ist jedenfalls sehr lecker.

Wir überqueren den Seedeich seewärts und gehen ab der Badestelle Lundenbergsand nun 1,1 Kilometer auf einem schönen, flachen Asphaltweg direkt neben der Nordsee. Dann müssen wir diesen verlassen, überqueren den Deich und gehen landseitig den letzten Kilometer zur Bushaltestelle Finkhaus.

6,4 Kilometer später sind wir wieder am Auto. Mit dem unternehmen wir noch einen Abstecher nach Husum, wo wir lecker Fisch zu Abend essen und uns auch noch Fisch- bzw. Krabbenbrötchen mit nach Hause nehmen.

Inzwischen ist das Wetter wieder perfekt: klar und sonnig, wenngleich zum Abend hin langsam abkühlend.

Erkenntnis des Tages: Der ergänzende Ausflug und Pilgertag in Nordfriesland hat sich durchaus gelohnt. Der Abschnitt auf dem Seedeich ist wirklich schön. Und mit dem Campingplatz und dem Imbiss gibt es sogar Einkehrmöglichkeiten.

Tageskilometer: 20,86 km

Husums Hafen im Abendlicht bei Flut

Brunnenfigur „Tine" des Asmussen-Woldsen-Denkmals auf dem Husumer Marktplatz

44

03.07.2024 – TAG 3
VON HUSUM NACH BORDELUM
29,8 KM

Heute steht unsere „Königsetappe" an: Zunächst ist es gut ein Kilometer von unserem Quartier zum Husumer Markt, der Stadtkirche St. Marien und dem Rathaus, dann etwa zwei Kilometer zur Jugendherberge, dann 22 Kilometer nach Breklum, und zuletzt folgen noch etwa sechs Kilometer von Breklum über Bredstedt nach West-Bordelum – summa summarum etwa 30 Kilometer.

Im Christian-Jensen-Kolleg in Breklum sind nämlich nach meiner Kenntnis keine Hunde zugelassen, und zudem sprengt der dortige Zimmerpreis von mehr als 60 Euro mein Pilgerbudget. Im Gemeindehaus in Bredstedt könnten wir zwar übernachten, allerdings erst ab 20:45 Uhr hinein, weil das Gemeindehaus bis dahin vom Chor belegt ist. Dagegen steht das Gemeindehaus in Bordelum für uns offen!

Um 8:00 Uhr sind wir wach, kuscheln dann noch eine halbe Stunde und schließen zügig Kitos Morgenrunde an. Es ist gut, dass wir im Jugendraum etwas separat für uns sind, denn im Erdgeschoss wird eine Behindertengruppe betreut. Die Reinmachfrau ist auch fleißig zugange. Bei zwei Bechern Kaffee schreibe ich meine gestrigen Erlebnisse fertig nieder, packe dann und bin fast abmarschbereit, als Frau Braren erscheint, um ihren Gemeindehausschlüssel wieder abzuholen. Wir schnacken noch kurz, und ich bedanke mich nochmals.

Theodor Storms Grab

Torhaus des Husumer Schlosses

46

Um 10:40 Uhr sind wir dann endlich unterwegs. Wir gehen zunächst denselben Weg zurück ins Zentrum, den wir gestern bereits gegangen sind, wobei wir an **Theodor Storms Grab** vorbeikommen. Im zentralen Gemeindehaus Husums neben der Kirche St. Marien frage ich nach einem Pilgerstempel, aber das Büro ist erst morgen wieder besetzt. So hole ich mir schräg gegenüber in der Tourist Information einen Stempel.

Wir gehen durch den Schlossgang zur Schlossstraße und damit zum Torhaus des Schlosses und zum **Schloss** selbst und halten uns im **Schlosspark** ganz links. Am Wasserturm verlassen wir den Park und halten uns an der Marktstraße rechts.

Als wir einen MARKANT-Markt erreichen, kaufe ich schnell noch vier Brötchen, dazu Teewurst, Weingummis und für Kito getrocknete Putenstreifen und eine kleine Packung Nassfutter. Mit Nassfutter stellt der Kleine sich immer etwas krüsch an. Meist lässt er es einfach liegen und frisst es nur, wenn er großen Hunger hat und es sonst nichts anderes gibt.

Die Marktstraße, die wir nun gehen, kommt mir bekannt vor: Sie gehört nämlich zum Anfangs- und Endstück des einstigen Husumer Wintermarathons, den ich in den 1980er und 1990er Jahren rund zehnmal lief.

An einer großen Ampelkreuzung biegen wir halblinks in die Schobüller Straße ab und erreichen nach 650 Metern die **Theodor-Storm-Jugendherberge**. Auch diese, jedenfalls der Altbau, kommt mir bekannt vor: Hier war ich als 17jähriger im Sommer 1973 auf einer einmonatigen Fahrradtour durch Norddeutschland, Dänemark und Schweden zu Gast. Da die Jugendherberge der Zielpunkt der gestrigen Etappe ist, gehen wir hinein und lassen unsere beiden Pilgerpässe auch dort noch einmal stempeln. Weitere Stempel wird es heute dann nicht mehr geben.

Theodor-Storm-Jugendherberge in Husum

48

300 Meter später biegt der Süderwungweg links ab. Das Straßenschild ist weitestgehend zugewachsen. Die Straße ist zunächst noch für Anwohner mit PKWs befahrbar, dann jedoch ein reiner Fuß- und Radweg. Ein Rechtsschwenk in den Backenswung und ein Linksschwenk in den Norderwungweg bringen uns auf direktem Weg zum Seedeich, den wir auch sogleich erklimmen. Die dort weidenden Schafe interessieren Kito nicht. Aber da hier Leinenzwang besteht, muss er halt an die Leine.

Vom Deich aus kann man übrigens herrlich nach Nordstrand hinüberschauen. Jenseits der Schafweide darf Kito wieder frei pilgern, was er sofort nutzt, um mir eine geeignete Pausenbank zu zeigen. Wir rasten jedoch nur kurz. Wir erreichen **Schobüttel** und biegen hier nach links zum sogenannten Strandweg ab, der in der Realität ein Grasweg zwischen Pferdeweiden und Schilfgürtel ist. An der Seebrücke gehen wir dann wieder landeinwärts.

Schobüttel ist übrigens ein Ort, der auf dem hier bis an die Küste heranreichenden Geestrücken erbaut wurde und der daher keinen Deich benötigt. Wir gehen zum **Kirchlein am Meer**, der Schobütteler Kirche. Leider versammelt sich hier gerade eine Trauergemeinschaft, so dass wir nur kurz – Kito auf meinem Arm – hineinhuschen können und rasch wieder gehen.

Da gerade wieder einer der vielen Schauer niedergeht, verzichte ich darauf, wieder zum grasbewachsenen Strandweg zurückzugehen, sondern folge der Straße nach Norden.

Bei einer Pizzeria (früher war hier ein Café), frage ich nach einer Tasse Kaffee. Es gibt aber leider nur eine Fanta, aber dafür kann ich meinen Kameraakku mit seinem Ladegerät für 20 Minuten ans Netz anschließen. Danach ist er wieder zu gut 50 Prozent geladen. Kurz darauf sind wir wieder auf dem Pilgerweg, der unsere Straße von links erreicht und ihr nun folgt.

Kirchlein am Meer in Schobüttel

am Seedeich vor der Arlauer Schleuse

Kurz bevor die Straße in einem Linksbogen über den Verbindungsdamm nach Nordstrand führt, biegen wir in **Wobbenbüll** nach rechts in die Dorfstraße ab.

Der **Ibeshof** auf der linken Seite unseres Wegs war einst historisch bedeutend, wie eine Informationstafel verrät. Hier lebte u.a. **Iven Knutzen** (1532-1612), er war Kartograf, Bauer und Hövetmann (Hauptmann, Vogt) und schrieb die Chronik über die Landfestmachung (Eindeichung) Eiderstedts. 1749 übernahm *Johannes Paul Ipsen*, Bürgermeistersohn aus Husum, den Hof. Er starb noch im selben Jahr, woraufhin der Hof an *Jean Henri Desmercières* fiel. 1803 war *Harro Wilhelm Martensen* Deichgraf und Vogt. Sein Sohn *Harro Paul Martensen*, später bekannt als *Harro Harring*, war überzeugter Friese, Freiheitskämpfer, Dichter und Maler.

Wir biegen nach links in den Deichweg ab und befinden uns nun auf dem **Ribblingweg,** einem der ältesten Wege der Region, der von Hattstedt nach Morsum führte und bereits auf einer Karte von 1632 – vor der „großen Mandränke" – verzeichnet ist. Morsum ging 1632 unter, Wobbenbüll wurde im selben Jahr gegründet.

Wir gehen zunächst nach Westen bis zum Seedeich und folgen dann seiner Deichverteidigungsstraße, die erstaunlich viel Autoverkehr aufweist. Die Autofahrer sind übrigens ausgesprochen gelassen und sehr rücksichtsvoll.

Eine Haltestelle am Weg heißt „Hattstedtermarsch, <u>Schimmelreiter</u>". Nach vier Kilometern erreichen wir die **Arlauer Schleuse**, in der man zwei Ferienwohnungen („Schleuse een" & „Schleuse twee") mieten kann, wenig später dann das 3-Sterne-Hotel Arlauer Schleuse. Immer wieder gehen – teils auch kräftige – Schauer hernieder, die auch in vollem Regenoutfit wenig kommodig sind. Die Aussicht von der Arlauer Schleuse fällt so im wahrsten Sinne „ins Wasser".

Als die Straße 1,9 Kilometer nach dem Hotel zur Deichkrone aufsteigt und wir in einer Regenpause den **Aussichtsturm „Kranz"** erreichen, eilt Kito vorweg und ist lange vor mir oben auf dem Aussichtsturm. Irgendwie hat er sich gemerkt, dass wir diese Türme gerne besteigen, und geht motiviert voran. Während ich in alle Richtungen fotografiere, sitzt er jedoch nur da und friert vor sich hin.

Aussichtsturm „Kranz"

Als wir gegen 16:15 Uhr den **Cäcilienkoog** erreichen, sehen wir beim Haus Nummer 1 das Angebot „Zimmer frei". Hier kann man im Wohnwagen (mit eigenem Badezimmer) für 25 bzw. 40 Euro (1 bzw. 2 Pers.) übernachten. Die Idee als solche finde ich reizvoll. Allerdings weiß ich nicht, ob Kito dort willkommen wäre, und dann haben wir ja einen ganz anderen heutigen Tagesplan.

Die Straße mit Geh-/Radweg, der wir ab der nächsten Kreuzung durch den Cäcilienkoog folgen, kenne ich nur zu gut, gehört sie doch zu unserer Fahrtroute zur Hamburger Hallig und zu unserem alljährlichen Biikefeuer-Ultramarathon dort am 21. Februar.

Nach gut zwei Kilometern verlassen wir sie und biegen halbrechts in den Schleusenweg, eine kleinere Straße ohne Geh-/Radweg, ab. Als wir den alten Deich (jetzt Binnendeich) hinüber in den **Sophie-Magdalenen-Koog** überqueren, zeigt Kito mir links eine Bank mit zwei Info-Tafeln: Das unscheinbare kleine Gebäude dahinter ist etwas Besonderes, nämlich das einzige erhaltene *Stöpenhaus*. Eine Stöpe ist eine verschließbare Deichlücke, durch die eine Straße mit geringem Anstieg hindurchführt. Bricht die erste Deichlinie, so wird in der zweiten Deichlinie die Stöpe hier mit den im Stöpenhaus gelagerten Bohlen verschlossen. Nachdem dieser Deich jedoch nach der Eindeichung des Beltringharder Kooges 1987 in die dritte Deichlinie rückte, wurden die Stöpen nicht mehr benötigt und bis auf dieses letzte Stöpenhaus auch alle rückgebaut.

An der nächsten Straßenkreuzung treffen wir auf die „Alte Schule" und die **Kooghalle**, in deren Umfeld gerade ein Holzbildhausersymposium stattfindet. Wir können einigen der Akteure von unserem Weg aus bei der Arbeit zusehen. Hinter der Alten Schule gibt es auch eine Gedenkstätte für den bereits erwähnten **Jean Henri Graf Desmercières** (1687-1778), der als „Urvater der Reußenköge" gilt und 1741 den Sophie-Magdalenen-Koog und 1767 den Desmerciereskoog eindeichte.

Holzbildhauer bei der Arbeit

Wildtaube

Unser nachfolgender Weg, der Borsbüller Weg, ist im Bereich des nächsten alten Binnendeichs wegen Bauarbeiten gesperrt. Wir kommen jedoch problemlos durch die heute ruhende Baustelle und nähern uns nun **Breklum**, dessen Turm der **St. Olaf Kirche** wir schon seit langem sehen können.

Kito schlägt mir den Beekstieg als Alternative vor, einen idyllischen, schmalen, teils grasbewachsenen Weg, den wir auch nehmen. Im Ortsbereich Breklums sehen wir das erste Hinweisschild auf „Bordelum 4,4 km".

Da wir – wie bereits erwähnt – im vergangenen September ein ganzes Wochenende hier in Breklum verbracht haben und sowohl das **Christian-Jensen-Kolleg** als auch die Kirche kennen, verzichten wir heute auf diesen Abstecher und suchen direkt einen der an der B 5 gelegenen Supermärkte auf. Ich kaufe nur drei fertige Putenschnitzel sowie sechs Knackwürstchen, von denen Kito und ich gleich nebenan drei essen.

Wäre Breklum unser Tagesziel gewesen, so hätten wir heute um 18:30 Uhr Feierabend gehabt, also nur neun Minuten später als gestern. So aber gehen wir – diesmal rechtzeitig vor dem nächsten Schauer im Regenzeug – durch den Süderweg und die anschließende Süderstraße weiter nach Norden und erreichen bald **Bredstedt** und seine **St. Nikolai Kirche**. Hier treffen wir um 19:06 Uhr am Gemeindehaus ein. Es ist zu. Vermutlich rückt der Kirchenchor erst später zu seiner bis 20:45 Uhr dauernden Probe an, nach der wir hier erst Quartier beziehen dürften. Also gehen wir wie geplant weiter.

Der Süderstraße weiter folgend, kommen wir zum Markt, gehen am Rathaus vorbei und biegen am Ende des Platzes nach links in die Hohle Gasse. Diese zieht sich ein wenig. Dann geht es erneut nach links in die unscheinbare Gerichtsstraße. Sie hat ihren Namen von einem früheren Gerichtsstandort.

Über eine Geestkuppe verlassen wir Bredstedt und haben schon bald **Ost-Bordelum** erreicht. Am Ortseingang endet vorerst der Geh-/Radweg und muss Kito dementsprechend wieder an die Leine. Aber bereits an der Kreuzung zur Dorfstraße, der wir nach links folgen, haben wir erneut einen Gehweg.

Wir ignorieren den Wegweiser in Richtung St. Nikolai-Kirche. Diese steht nämlich auf freiem Feld weit außerhalb der beiden Bordelumer Ortsteile. Rasch haben wir **West-Bodelum** vor uns. Als wir eine entgegenkommende Radfahrerin nach dem Gemeindehaus frage, ist sie ratlos. Als ich den Straßennamen Am Pastorat nenne, meint sie, zunächst, da seien wir bereits dran vorbeigegangen. Aber dann ist es doch die nächste Straße links, rund 150 Meter vor uns.

Gemeindehaus Bordelum

Das Gemeindehaus ist ein hübsches Haus mit Reetdach. Es ist wie versprochen offen. Wir nehmen den großen Saal in Beschlag und entscheiden uns für die rechte Ecke an der Seite des vorbeiziehenden Wegs. So sind wir sichtgeschützt.

Zum Abendessen gibt es die in Breklum gekauften Putenschnitzel, dazu Teewurstbrötchen und für mich zwei Becher Tee. Kito bekommt sein in Husum gekauftes Nassfutter.

Ich schreibe noch den restlichen Teil des gestrigen Tagesberichts und fast den gesamten Bericht von heute. Nach einer kurzen Abendrunde ist dann kurz vor Mitternacht Nachtruhe.

Erkenntnis des Tages: Nordfriesland bleibt sich mit stetem Wechsel zwischen Sonne, Schauern und Wind treu. So kennen wir es bereits seit Jahren vom Biikebrennen. Nur die Temperaturen um und bei 20 °C sind im Juli angenehmer. Trotzdem war dies ein schöner Tag, und am Ende unserer bislang längsten Tour auf diesem Weg sind wir in Bordelum willkommen und geborgen.

Tageskilometer: 29,8 km

Gesamtkilometer: 77,8 km

04.07.2024 – TAG 4
VON BORDELUM NACH LECK
21,8 KM

Um 6:15 Uhr gibt Kito Alarm: Jemand ist in „unser Zuhause" eingedrungen. Also muss ich aus dem Schlafsack krabbeln, Hose und Shirt anziehen und nachsehen. Der Küster ist nebenan in der Küche und spült mitgebrachtes Geschirr. Es dauert eine Zeit, bis ich wieder im Schlafsack bin und sich vor allem Kito wieder beruhigt hat. Die „kleine Alarmanlage" ist wirklich hochsensibel.

Meine Wecker drücke ich weg und werde erst wach, als Kito erneut anschlägt. Inzwischen ist es kur vor neun (!) Uhr. Frau Magnussen, die nette Gemeindesekretärin, hat ihren Dienst angetreten.

Der morgendliche Regen hat gerade aufgehört, als wir Kitos Frührunde absolvieren. Die Sonne scheint. Wie ich später erfahre, soll es den ganzen Tag über – zumindest bis 18 Uhr – trocken und sonnig bleiben.

Ich mache mich rasch frisch, wasche auch noch die Haare und melde mich dann bei ihr, um unsere Pilgerpässe stempeln zu lassen und ein wenig mit ihr zu klönen. Ich erfahre auch, dass der gestern in Ost-Bordelum entdeckte Firmenwagen der Zimmerei Dethlefsen dem Sohn der Familie gehört. Seine Mutter Anke haben wir vor Jahren vor dem Start unseres Biikefeuer-Ultramarathons kennengelernt. Wir trödeln nach Kräften herum und brechen erst nach elf Uhr auf.

Der Weg „bergauf" zum **Stollberg** auf dem Geestrücken ist schön und ruhig. Wir passieren die **Stollbergquelle**, die um 1770 als Heilquelle gepriesen wurde und insbesondere um 1808 bis

1810 viel Zuspruch fand, danach jedoch mangels eingetretener Heilungen wieder ihre Attraktivität einbüßte. Sie steht heute unter Denkmalschutz. Hier gibt es heutzutage auch einen „**Besinnungspfad**" mit schönen Bibelzitaten und einen Grill- und Picknickplatz.

Die **Kirche St. Nikolai Bordelum** steht ungewöhnlicherweise nicht im Ortszentrum West- oder Ost-Bordelums, sondern ganz für sich abseits der beiden Ortsteile auf dem Stollberghang. Nach einer Überlieferung soll die Kirche von christlichen Missionaren auf einem alten heidnischen Heiligtum errichtet worden sein, was damals durchaus üblich war. Allerdings hat es nach bisherigem wissenschaftlichem Kenntnisstand hier kein solches Heiligtum gegeben. Vielmehr weisen archäologische Untersuchungen aus dem Jahr 1951 darauf nach, dass in der ersten Besiedlungspahse im 12./13. Jahrhundert hier Siedlungsplätze, also Häuser und Gehöfte, bestanden, die um 1500 aufgegeben wurden. Dies bedeutet, dass bei Erbauung der Kirche das Dort hier oben rund um die Kirche lag und es dann später, nachdem die Marschen eingedeicht waren, zum nunmehrigen Ackerland umzog und die Kirche allein auf dem Hang verblieb.

Die ältesten Teile der Kirche, die Altarapsis und die romanischen Fensterbögen, lassen sich auf das 12. Jahrhundert datieren. Das Chorgewölbe ist spätgotisch, das Kirchenschiff mit seiner flachen Balkendecke zeigt Elemente der Renaissance. Ein Brand der damals zum Teil in Holz erbauten und reetgedeckten Kirche machte 1630 einen Wiederaufbau notwendig. 1888 wurde die Empore eingezogen und die Orgel eingebaut. Jüngste Veränderung der Kirche ist die 2003 erfolgte Verklinkerung der Westfassade. Und der zur Kirche gehörende freistehende hölzerne Glockenturm (Glockenstapel) datiert aus dem Jahr 1793.

Kirche St. Nikolai Bordelum vom Friedhofseingang aus fotografiert

Kirche St. Nikolai Bordelum mit Kanzel von 1633

Kirche St. Nikolai Bordelum mit Armenkatechismus von 1637/38

Kirche St. Nikolai Bordelum, Südseite

Bemerkenswertes Interieur ist der 1637/1638 gemalte „Armenkatechismus", mit dem des Lesens unkundigen Gemeindemit-
gliedern mittels gemalter Bilder die Zehn Gebote, das Glaubens-
bekenntnis, das Vater Unser und die Sakramente nahegebracht
wurden. Diese Bilder sind heutzutage an der Verkleidung der
Empore zu sehen. Die geschnitzte Kanzel entstand 1633, ein Epi-
taph 1686. Der bebilderte Altar sowie der Taufstein aus schwar-
zem Marmor wurde laut Überlieferung nach der „2. Mandränke"
1634 im Watt gefunden; beiden sollen aus der Kirche von Rörbek
auf der untergegangenen Insel Strand stammen.

Eine Tafel im Kircheninneren verweist auf eine vom Fürsten
von Bismarck „zur 25jährigen Jubelfeier der Wiederaufrichtung
des Deutschen Reichs" gestiftete und vom Kriegerverein zu
Bordelum am 24. März 1896 gepflanzte Eiche im Osten der Kirche. Diese ist jedoch nicht mehr existent, wie mir auch der Küster
bestätigte.

Bemerkenswert ist dagegen ein altes Grab auf dem Friedhof, in
dem „Broder Brodersen, geb. auf Hamburger Hallig den 9. 5.
1790, gest. in Brüttjebüll den 24. 12. 1865" beigesetzt ist. Dieser
hatte der Kirche seinerzeit ein Stück Land gestiftet, aus dessen
Erlös die Pflege seines Grabes zeitlich unlimitiert von der Kirchengemeinde finanziert wird.

Diese kleine Kirche und die gesamte Umgebung haben es mir
angetan. Ich finde sie wunderschön, und so verbringen wir hier
weit mehr Zeit als ursprünglich geplant.

Im nachfolgenden Wegabschnitt bis zum höchsten Punkt des
Stollbergs können wir links bis zur Nordseeküste sehen. Passend
dazu weisen Informationstafeln auf die sehr unterschiedlichen
Küstenlinien um 1200, um 1600 und heutzutage hin.

Auf der rechten Straßenseite gibt es diverse kleinere Tafeln mit Hinweisen auf hier gefundene Urnengräber aus der Eisenzeit (500 vor Christi bis 500 nach Christi). Aus der Zeit des Endes der Eisenzeit und der beginnenden Völkerwanderung (4.-6. Jahrhundert) ging die Anzahl der Urnenbestattungen hier rapide zurück, wobei unklar ist, ob die Bevölkerung durch Missernten, Kriege oder Krankheiten dezimiert war oder durch irgendwelche Umstände gezwungen war, diesen Siedlungsraum zu verlassen.

Interessant ist auch eine Aufstellung hier gefundener Granitfindlinge und die Zuordnung zu ihren skandinavischen Herkunftsregionen.

Wir erreichen und durchqueren das **Naturschutzgebiet Bordelumer Heide und Langenhorner Heide**. Es ist wunderschön. Wie die gesamte Landschaft, die wir heute bislang gesehen haben, wirkt alles nach den morgendlichen Regengüssen wie frisch gewaschen und sind die Farben besonders prächtig. An einer Kiesgrube mit großem Baggersee vorbei pilgern wir weiter in Richtung Langenhorn.

Kito meldet Pausenbedarf an. Er hat Hunger und Durst, aber erst im dritten oder vierten Anlauf findet er endlich nach der Kiesgrube die von mir bei ihm „bestellte" Picknickbank.

Als wir auf der linken Wegseite das Ortsschild von **Langenhorn** erreichen, biegt unser Weg genau dort nach rechts ab. Ich überlege kurz, ob es Sinn macht, einen (in unserer Streckenbeschreibung nicht enthaltenen) Abstecher zur Kirche dort zu unternehmen, verwerfe diese Idee jedoch aus Zeitgründen. Stattdessen wenden wir uns dem **Bahnhof Langenhorn / Loheide** zu. Als wir diesen erreichen, lassen wir uns mit dem Rücken zum Restaurant Alla Stazione auf einer weiteren Bank zum Picknick nieder. Plötzlich geht ein Schauer nieder, der uns jedoch, weil wir unter einem Vordach sitzen, gar nicht erst erreicht. Ich werfe trotzdem den Folienponcho über, während Kito wieder einmal seinen Regenmantel strikt verweigert. Auf der nun folgenden langen Geraden entlang der Bahnlinie gibt ihm das Wetter Recht.

Langenhorn wurde übrigens 1352 erstmals urkundlich erwähnt. Es ist ein 6,5 Kilometer langes Straßendorf im Übergang der nordwestlichen Ausläufer des Stollbergs zur Nordfriesischen Marsch. 1681 erhielt der Ort Marktrecht und durfte seither dreimal jährlich einen Vieh-, Pferde- oder Krammarkt abhalten.

Einer der wichtigsten Söhne dieses Orts war der am 23. März 1715 hier geborene **Süncke Ingwersen**, später genannt *Seneca Inggersen, Reichsfreiherr von Geltingen*, bzw. *Seneca Reichsfreiherr von Gelting*, † 28. Dezember 1786 auf seinem Gut Rustenburg bei Den Haag, dem hier auch eine Wohnstraße gewidmet ist. Er machte als Offizier und Kaufmann ab 1742 in Diensten der Niederländischen Ostindien Compagnie Karriere und erwarb sich dabei

64

einen selbst für damalig-dortige Verhältnisse märchenhaften Reichtum. 1759 wurde er vom dänischen König Friedrich V zum Baron von Geltingen ernannt. 1777 folgte die Aufnahme in die Schleswig-Holsteinische Ritterschaft sowie die Erhebung in den Reichsfreiherrenstand.

In **Bargum** (nordfriesisch: *Beergem*, dänisch auch: *Bjerrum*) , genauer: im Ortsteil **West-Bargum**, unserem nächsten Ort, gibt es besonders viele hübsche Reetdachhäuser. Ich unterhalte mich mit einer Frau, deren Reetdach besonders neu aussieht. Sie und ihr Mann haben es – allerdings nur straßenseitig – gerade erst im Vorjahr erneuern lassen. Das sei so etwa alle 30 Jahre dran und nicht gerade billig. Ihre Rechnung habe bei gut 30.000 Euro gelegen. Das Reetdach des Nachbarhauses ist der komplette Kontrast dazu: Es sieht so aus, als bliebe es nicht mehr lange dicht und müsse zeitnah erneuert werden.

Kirche in Bargum

Ausschnitt des Deckengemäldes von 1702 in der Kirche in Bargum

Der Ortsname ist erstmals 1379 beurkundet. Allerdings muss der Ort selbst älter sein, denn die Kirche wurde – zeitgleich mit der in der Zweiten Marcellusflut 1362 untergegangenen Kirche von Efkebüll – bereits um 1250 errichtet. Ihr heutiges Aussehen erhielt die Kirche im 15. Jahrhundert. Das Deckengemälde sowie die Ausmalung von Kanzel und Empore datieren von 1702.

An der Kirche legen wir eine weitere Rast ein. Zunächst picknicken wir neben der Kirche auf einer Bank; dann gehen wir hinein. Als wir sie wieder verlassen, hat sich der Himmel plötzlich erneut zugezogen, und es fallen die ersten dicken Regentropfen. Da bleiben wir lieber noch weitere 10-15 Minuten in der Kirche.

Wieder sieht alles wie frisch gewaschen aus, als wir endlich wieder weitergehen. Wir verlassen Bargum in die flache Marschenlandschaft des 1466 eingedeichten **Bargumer Koog**s. An der **Soholmer Au**, einem kanalisierten und eingedeichten Fluss, sehen wir eine Schutzhütte. Unser Weg biegt nun kurz nacheinander erst nach rechts, dann vor dem nächsten Haus wieder nach links ab und bleibt weiter in gehörigem Abstand zur Bahnlinie parallel zu ihr.

Ich beginne, unsere Restkilometer und die voraussichtliche Ankunftszeit im Pfarrhaus in Leck hochzurechnen. Wir erreichen **Stedesand** (friesisch: *Stääsönj*) und seine Kirche, die jedoch leider zu ist. Auch hier legen wir eine allerdings nur sehr kurze Pause zum Trinken und Auffüllen meiner Hosentaschen mit Kitos Trockenfutter links und meine Weingummis rechts ein. Kurz darauf erreichen und überqueren wir die B 5. Hier gibt es einen Laden mit jeder Menge Figuren, die man käuflich erwerben kann. Ich lasse Kito zwischen zwei großen Doggen-Figuren posieren.

Wir lassen Stedesand hinter uns und gehen auf einem Feldweg nach **Sande**. Hier müssten wir laut Textbeschreibung „nach 1,2 km links in einen Feldweg" abbiegen. Der ist aber weder markiert

67

noch sonstwie zu erkennen, so dass wir stattdessen kurz darauf die Landstraße nach **Klintum** erreichen. Sie hat einen Geh-/Radweg.

Ortseingang Sande mit schönen Silberpappeln

Während wir auf Klintum zugehen, nähert sich uns eine fast schwarze Wolkenwand, aus der es immer wieder und mehr laut donnert. Ein Gewitter auf freier Strecke wäre allerdings das Letzte, was wir uns wünschen. Wir beschleunigen unser Tempo und hoffen, das Wartehäuschen der auf unserer Karte eingezeichneten Bushaltestelle zu erreichen. Das schaffen wir jedoch nicht.

Allerdings bietet sich eine offene Garage in einem Haus als letzte Zuflucht an. Keine zwanzig Sekunden später prasselt das Unwetter auch schon los: Große Regentropfen tanzen auf dem Autodach eines neben dem Haus geparkten Autos. Dicke Hagelkörper trommeln dazu und bedecken den Boden. Nach kaum drei Minuten ist alles ebenso plötzlich, wie es begann, auch bereits wieder vorbei, und wir können weitergehen.

Das Buswartehäuschen erreichen wir – nun wieder auf der beschriebenen Strecke – etwa drei Minuten später. Wir passieren ein schönes Wohngebiet und folgen dem Alten Kirchenweg, auf dem früher die Bewohner Klintums zum Kirchenbesuch in Leck und zurück gingen, durch Wiesen und Büsche. Relativ früh ist auch der Kirchturm in **Leck**, unser Tagesziel, auszumachen.

Ich rufe Pastor Janke in Leck an und kündige unsere Ankunft gegen 19:20 Uhr an. Wir sollen dann einfach bei ihm im Pastorat nebenan klingeln.

Bereits in der Wohnbebauung in Leck ist unsere Wegbeschreibung mangels Straßennamensschildern nicht mehr nachvollziehbar, so dass das Ortszentrum etwa 500 Meter zu weit östlich erreichen. Es gibt Schlimmeres.

Wir finden rasch wieder auf den rechten Weg zum Markt zurück. Direkt dahinter liegt die **St. Willehad Kirche**. Und direkt unterhalb selbiger findet sich in der Süderstraße 6 das Pastorat und in der 4 das Gemeindehaus.

Pastor Janke heißt uns willkommen und zeigt uns umgehend unser Zimmer im Gemeindehaus. Es ist genau richtig für uns: reichlich Tische, um den Rucksack auszupacken und später meinen Bericht zu schreiben, dazu mehrere gute Plätze für die Isomatte und den Schlafsack.

Isomatte und Schlafsack baue ich gleich auf, damit Kito es sich bereits gemütlich machen kann, während ich etwa 400 Meter entfernt für uns eine Döner Box hole, die wir auch sofort verzehren. Da es hier offenes WLAN gibt, kann ich meine seit Oldenswort eingegangenen Mails sichten und bearbeiten, meine Pilgertage auf meiner facebook-Pilgerseite einstellen und mit Christine videochatten. Allerdings verliere ich damit so viel Zeit, dass meine Tagesaufzeichnungen viel zu kurz kommen.

Lecks erste urkundliche Erwähnung erfolgte 1231 als Königsgut in mittlerer Größe im Erdbuch des dänischen Königs Waldemar II. Bereits damals gehörte die Stadt zum Herzogtum Schleswig. Archäologische Funde datieren die Burg *Leckhuus* auf das 11. Jahrhundert. Sie diente einem königlichen Vogt als Herberge und Wehranlage zur Überwachung des westlichen Ochsenweges, der über Ribe und Tondern in Dänemark sowie über Leck in Nordfriesland und Husum nach Wedel bei Hamburg führte und dem wir ja in Grundzügen folgen. Im Jahre 1689 wurde dem Ort durch den damaligen Herzog Christian Albrecht die Marktgerechtigkeit urkundlich zugebilligt. Die Handwerks- und Handelsbetriebe wurden zahlreicher und vielfältiger. Es siedelten sich Sattler, Schmiede und Stellmacher, Färber, Schneider und Schuster, Tischler, Drechsler und andere Berufstätige an. Auch gab es ein Krankenhaus, Apotheke, Post und Schule. Mit der Entwicklung der Dampfmaschine kamen eine Maschinenfabrik, eine Spinnerei und eine Tuchfabrik nach Leck. (aus Wikipedia)

Kurz nach Mitternacht absolvieren wir Kitos Spätrunde und gehen kurz darauf auf Isomattenhorchdienst.

Erkenntnis des Tages: Bordelum war zweifellos einer der schönsten Orte dieses Wegs. Hier verbummelten wir mehr Zeit, als uns guttat. Immerhin war dies auch unserer erster „trockener" Tag mit nur drei Schauern, die uns alle drei nicht tangierten.

Tageskilometer: 21,8 km

Gesamtkilometer: 99,6 km

05.07.2024 – TAG 5
VON LECK NACH NIEBÜLL
19,5 KM

Um kurz vor acht Uhr ist Kito munter. Er hatte gestern Abend viel getrunken und will ganz offenkundig auf seine Frührunde. Die ist auch wirklich nötig. Da wir dabei an einer Bäckerei vorbeikommen, kaufe ich gleich noch vier „Knackfrische" (die Bezeichnung „Schrippen" ist der Verkäuferin nicht geläufig) und fünf kleine Quarkbällchen. Dann gehen wir zurück in unser Zimmer im Gemeindehaus. Wenig später erscheint auch Pastor Janke, um nach uns zu sehen und sich zu erkundigen, wie wir geschlafen haben und ob alles okay ist. Er kocht mir sogar eine große Kanne Kaffee, die ich dankend annehme.

Während wir frühstücken und ich meinen Kaffee trinke sowie meine neuen Mails und die neuesten Nachrichten im Web sichte, verändert sich das Wetter von wolkenlosem Himmel mit Sonnenschein zu dichter Wolkendecke und anhaltendem Regen. (Für Hamburg ist „vormittags Regen und noch 9 Stunden Sonne angesagt.) Aber während ich packe, hellt es rasch wieder auf.

Als wir um elf Uhr losziehen, scheint wieder die Sonne. Wir gönnen uns als erstes die Besichtigung „unserer" Gastgeberkirche. Im Park rund um die Kirche entdecken wir ein halbes Dutzend Steinsärge aus dem 12. Jahrhundert. Die Sitte, wohlhabende Verstorbene in Steinsärgen beizusetzen, kam vermutlich ab 1150 mit christianisierten friesischen Einwanderern hierher. Die dazu verwendeten Steinsärge wurden per Schiff aus dem Rheinland importiert. Da durch Sturmfluten immer wieder Orte und Friedhöfe untergingen, wurden in späteren Jahrhunderten solche Steinsärge im Watt gefunden und von den Bauern meist als Viehtränken genutzt.

St. Willehad Kirche Leck

72

Die **St. Willehad Kirche** entstand um 1150 und ist nach St. Willehad benannt, der um 770 als Missionar der Sachsen und Friesen wirkte und 788 erste Bischof in Bremen wurde. Von der ursprünglichen romanischen Kirche ist nur noch ein Teil des Langhauses erhalten, während der Chor und die Apsis 1807 einer Erweiterung der Kirche weichen mussten. Der 1872 abgebrannte Turm wurde noch im selben Jahr wiederaufgebaut. Im Flügelaltar findet sich ganz rechts unten eine Figur des Pilgerapostels Jakobus.

Der Bahnseitenweg heißt nicht nur so, sondern verläuft sieben Kilometer von Leck nach Lindholm neben einer stillgelegten Bahnlinie.

Leck überrascht uns mit einer richtigen Geschäfts- und Einkaufsstraße. So etwas haben wir seit Husum nicht mehr gesehen! Wir durchqueren die Hauptstraße und biegen an der nächsten Ampelkreuzung nach links in die wesentlich ruhigere Birkstraße ein. Kurz darauf haben wir den Bahnseitenweg erreicht, in den wir nach links einbiegen. Wir verlassen Leck und folgen rund sieben Kilometer dem Bahnseitenweg. Die ganze Zeit über sehen wir rechts unseres Weges die alten Bahnschienen und in einigem Abstand links von uns die eingedeichte Lecker Au. Zweimal münden von rechts Zuflüsse, einmal der Klixbüller Sielzug und zum zweiten das Engsiel. Wind- und Sonnenschutz gibt es nicht, wobei der Wind steif von vorne kommt. Diesen Gegenwind mag Kito genauso wenig wie ich, aber wir können es nicht ändern.

Nachdem wir die B 5 erreicht und überquert haben, geht es parallel zu ihr in ruhigem Gelände zur Dorfstraße in **Lindholm**, die sich als Dorfstraße in **Risum** fortsetzt. Beide ziehen sich hin.

Risum-Lindholm ist das kulturelle Zentrum der Festlandnordfriesen. Im Gegensatz zu den meisten anderen Orten in Nordfriesland hat hier die nordfriesische Sprache noch eine nennenswerte Sprecherzahl und eine entsprechende Bedeutung in den Familien und in der Öffentlichkeit. In den drei örtlichen Schulen wird die Sprache auch unterrichtet. Das zeigt sich auch bei den Orts- und auch Straßennamen, die hier zweisprachig (hochdeutsch und friesisch) sind. Und schöne Reetdachhäuser gibt es hier ebenfalls reichlich.

Um 14:30 Uhr erreichen wir endlich die **Kirche St. Sebast** in Risum. Hier rasten wir insgesamt 70 genussvolle Minuten. Zunächst essen wir zwei unserer heute früh vorbereiteten Brötchen mit „Rucksack-gereiftem" in Husum gekauften Camembert und trinken dazu unser Wasser. Dann holen wir uns im Pastorat gegenüber den Kirchschlüssel, um zu erleben, wie kurz vor uns der Organist vorfährt und die Kirche seinerseits aufschließt.

Neben dem Zugangsportal zum Kirchenbereich von 1744 – die Kirche selbst datiert von 1839, hat aber Anteile aus dem 13. Jahrhundert – imponiert mir vor allem die prächtig geschnitzte und bemalte Kanzel von 1662.

Zugangsportal vom Friedhof zur Kirche St. Sebast Risum

Kirche St. Sebast Risum, man erkennt deutlich den ältesten romanischen Anteil.

Autoverladung Niebüll

In einem Bogen gehen wir nun nach Nordnordost und folgen dann der Bahnlinie Hamburg – Sylt bis zur **Autoverladung** nahe des Bahnhofs **Niebüll**. Hier wenden wir uns von der Bahnlinie ab und passieren in der Straße Zum Stellwerke je einen PENNY- und REWE-Markt. Direkt hinter letzterem folgt unser Pilgerweg einem schmalen Weg entlang einer weiteren Bahnlinie, die wir am zweiten Übergang nach rechts queren. Kurz darauf erreichen wir die **Apostelkirche**, die jedoch leider verschlossen ist.

Im 14. Jahrhundert gab es im heutigen Stadtgebiet zwei Kirchspiele, nämlich **Deezbüll** mit der Apostelkirche sowie Langsumtoft, das bei der *Zweiten Marcellusflut* (*Grote Mandrenke*) im Januar 1362 aber so schwer beschädigt wurde, dass der Ort um 1400 aufgegeben wurde und sich die Bewohner rund um die heutige Niebüller Christuskirche ansiedelten. Der neue Ort *Nigebül* (Niebüll, „Neue Siedlung") wurde 1436 im *Liber censualis episcopi* erstmals aufgeführt.

Apostelkirche Deezbüll (von Südosten)

Die Deezbüller Kirche wurde im 14. Jahrhundert als gotische Backsteinkirche erbaut, hatte aber bis 1993 keinen Kirchenpatron und somit auch keinen davon abgeleiteten Namen. Ihren heutigen Namen Apostelkirche erhielt sie erst 1993. Vom ursprünglichen Kirchenbau ist nur die Nordseite (mit dem vermauerten Nordportal) noch weitgehend erhalten. Ansonsten hat sich das Erscheinungsbild der Kirche durch Umbauten und Reparaturen sehr verändert. Der in Backstein ausgeführte Kirchturm kam erst später hinzu, der heutige Turm stammt von 1964.

Den Abzweig zur Jugendherberge schenken wir uns. Die ist zwar das empfohlene, aber <u>nicht unser</u> heutiges Tagesziel. Wir gehen vielmehr weiter in Richtung Stadtzentrum Niebüll, wobei wir uns am Markt leider versehentlich halblinks statt halbrechts halten und erst am Schulzentrum bemerken, dass wir an der **Christuskirche** vorbeigegangen sind. Also gehen wir zurück, nehmen die zweite Straße links und biegen kurz darauf nach rechts in die Friesische Straße ein. Das Gemeindehaus hat die Hausnummer 6 und ist das zweite Haus rechts. Wir lassen uns auf einer Bank nieder und rufen den Küster Jens Reuter an, der uns in Vertretung für Pastor Dr. Christian Winter ins Gemeindehaus einlassen soll. Allerdings taucht dann doch bereits nach wenigen Minuten Pastor Winter auf, dessen Klinikaufenthalt kürzer als befürchtet gedauert hat.

Hier im großen Eingangsraum des Gemeindehauses haben wir eine Sitzgarnitur mit einem Sofa zur Verfügung, dazu eine Toilette dicht bei, natürlich die Küche und im Untergeschoss eine Dusche.

Während Kito wie jeden Abend nach dem Essen in seinen Schönheits- und Erholungsschlaf versinkt, schreibe ich bei zwei Bechern Tee meine Erlebnisse von gestern und heute fertig. Gegen halb zwölf geht es – Kito hat wie jeden Abend auf meiner Fleecejacke geschlafen und diese schön angewärmt – auf seine Abendrunde, ehe ich dusche und zu Bett gehe.

Morgen ist Samstag und unser letzter Tag auf der Hauptroute unseres Pilgerwegs. Zudem werden wir erstmals nach Dänemark hinein pilgern, wo wir übermorgen ja noch eine Bonusetappe von Tønder nach Løgumkloster gehen wollen.

Erkenntnis des Tages: Wege entlang stillgelegter oder auch aktiver Bahnstrecken ziehen sich, bei Gegenwind ganz besonders.

Tageskilometer: 19,5 km

Gesamtkilometer: 119,1 km

Doppeltor als Pforte von der Kirchenstraße zum Kirchengelände

Christuskirche in Niebüll

06.07.2024 – TAG 6
VON NIEBÜLL NACH TØNDER
24,2 KM

Die Nacht auf der Couch im Gemeindehaus Niebüll ist sehr komfortabel und angenehm. Als mein Wecker um 7:00 Uhr klingelt, genieße ich gerade intensiv, wie sehr sich Kito im Schlafsack an meine Unterschenkel kuschelt. Das zieht sich hin und hin…

unser Übernachtungsplatz im Gemeindehaus Niebüll

Um halb neun stehe ich endlich auf, ziehe mich an und gehe mit Kito auf seine Frührunde. Die nutzten wir auch gleich, um im Supermarkt um die Ecke sechs Brötchen zu holen. Danach stehen Kaffee-Kochen, Frühstücken und Packen an. Also alles wie sonst. Um 9:45 Uhr geben wir den Schlüssel bei Pastor Dr. Winter im Pastorat ab und machen uns auf den Weg.

Da der Pastor keinen Pilgerstempel zur Hand hat, frage ich in der Stadtinformation beim Bahnhof nach einem Stempel. Die haben leider auch keinen. Und die Tankstelle nebenan „darf" ihren Firmenstempel nicht für unsere Pilgerpässe einsetzen. So verlassen wir **Niebüll** halt ohne Pilgerstempel.

Während unseres Frühstücks hatten wir draußen den ersten Regenschauer des Tages verpasst. Der zweite kommt, als wir gerade Niebülls Wohnbebauung verlassen und auf freies Feld in einen schmalen Weg zwischen Bahnlinie und landwirtschaftlichen Flächen wechseln. Immerhin können wir rechtzeitig Kitos Regenmantel und meinen Folienponcho überwerfen und die erste heftige Phase unter einem dicken Baum abwarten.

Pilgerwegabschnitt entlang der Bahnlinie von Niebüll nach Bosbüll

Knapp drei Kilometer lang verläuft unser Weg direkt an einer eingleisigen Bahnlinie. Dies ist nicht die (zweigleisige) Strecke zum Hindenburgdamm und nach Sylt, sondern die 40 Jahre ältere Strecke nach Tondern. 1887 hatte Niebüll eine

Bahnanbindung über Husum und Elmshorn ans Bahnnetz nach Hamburg erhalten. Im selben Jahr wurde auch das Anschlussstück Niebüll – Tondern fertiggestellt. Besonders die Seebäder profitierten nun von dieser Bahnanbindung. Die Touristen, die nach Sylt, das schon damals ein sehr angesagtes Urlaubsziel war, anreisten, kamen über die Nebenstrecke von Tondern nach Hoyerschleuse und setzten von dort mit dem Raddampfer nach Sylt über.

Als der Norden Schleswigs nach der im Versailler Vertrag festgeschriebenen Volksabstimmung von 1920 dänisch wurde, war diese Anreiseroute nur noch mit zwei Grenzübertritten möglich, wobei für die Einreise nach Dänemark ein Visum notwendig war. Eine Zeitlang gab es auch die Option verplombter Züge, die aber sowohl von dänischer als auch deutscher Seite wenig nachgefragt war.

Um eine neue Anreiseoption per Bahn nach Sylt zu schaffen, wurde von 1923 bis 1927 dann ein Bahndamm nach Sylt gebaut, der nach Fertigstellung nach dem damaligen deutschen Reichspräsidenten Paul von Hindenburg Hindenburgdamm getauft wurde.

In der Folgezeit wurde die eingleisige Strecke Niebüll – Tondern, der wir nun folgen, zur Nebenstrecke herabgestuft. Anfang der 1980er Jahre wurde zunächst der Personenverkehr, 1999 dann auch der Güterverkehr und damit die Strecke insgesamt eingestellt. Zwei Jahre später, also 2001, wurde dann aber bereits wieder ein regelmäßiger Personenverkehr aufgenommen.

Wir wenden uns vor **Bosbüll**, also ungefähr drei Kilometer ab Niebüll Bahnhof, von der Bahn gen Osten ab, biegen dann nach links in den Süderweg ein und steuern so parallel zur Bahn von Süden in den Ort hinein. Über die Dorfstraße erreichen wir die Hauptstraße, die uns nach **Uphusum** führt. In diesem Abschnitt gibt es jede Menge Rastplätze. Unterwegs passieren wir das gut gesicherte Clubhaus des Satisfaction Grenze MC, eines hier ansässigen Motorrad-/Rocker-Clubs.

Als wir in **Holm** die Bahnlinie wieder erreichen, ist dort gerade ein Schienenbus aus Tondern angekommen, dessen Fahrgäste in Richtung Niebüll nun in einen bereitstehenden Bus als Schienenersatzverkehr umsteigen. Als wir die Bahntrasse knapp einen Kilometer später überqueren, sehen wir den Schienenbus immer noch in Holm stehen.

Unser nächstes Teilziel ist **Humtrup** mit seiner hübschen weißen Kirche. Die ist leider verschlossen, so dass uns die dortige

Marienfigur verborgen bleibt. So ziehen wir nach einer kurzen Picknickpause neben der Kirche weiter gen Norden.

Die Strecke heute ist flach und eher monoton, aber trotzdem schön. Die Ortschaften sind meist klein, und bei diesem Wetter gibt es auch keinen Grund zu überlangen Pausen.

Die Temperaturen liegen um 19-20 °C, fühlen sich jedoch eher wie 25-26 °C an, und phasenweise ist es sogar etwas schwül und drückend. Trotzdem kommen wir sehr rasch voran und kann ich eine Ankunft in Tønder gegen 16 Uhr hochrechnen.

Wolkenfront vor dem Aventofter Wald

Als wir kurz vor der deutsch-dänischen Grenze von Süden auf den **Aventofter Wald** zugehen, nähert sich diesem von Westen eine dunkle Regenfront. Laut Streckenbeschreibung werden wir 1000 Meter nach Beginn des Waldweges eine Schutzhütte errei-chen. Es ist ein kleines Wettrennen zwischen uns und dem auf-ziehenden Unwetter. Das Unwetter gewinnt: Drei Minuten vor der Schutzhütte – um 13:56 Uhr – prasselt der Regen auf uns nieder. Ich kann gerade noch mein Handy im Brustbeutel verstauen und den Regenponcho über mich und den Rucksack werfen, da gießt es auch bereits aus Kübeln. Wir suchen im noch recht jungen Birkenbestand, so gut es geht, Schutz. Als es direkt über uns blitzt und donnert, versucht Kito verzweifelt, sich immer wieder neu zu verkriechen. Erst als es mir gelingt, seinen Regenmantel über ihn zu legen, und ich mich schützend über ihn stelle, beruhigt er sich ein wenig. So stehen wir ganze zwanzig Minuten im Birkenwald.

Als der Regen endlich nachlässt, eilen wir auf dem jetzt pitschnassen und Pfützen-reichen Weg zur Schutzhütte, in der sich Kito gleich unter einem der beiden Tische versteckt. Während der folgenden halben Stunde, die wir dort verweilen, bis der Regen ganz aufgehört hat, biete ich ihm Futter, Camembert Brötchen und Wasser an, aber der Kleine will gar nichts, sondern muss sich erst einmal beruhigen.

Schutzhütte im Aventofter Wald

Erst auf dem weiteren Weg durch die frisch gewaschene Landschaft nach **Aventoft** ist er wieder rasch hungrig und im Normalmodus. In diesem Abschnitt erwäge ich, unsere Tagesetappe abzukürzen und hier eventuell bereits Station zu machen.

Aber die Dorfbewohnerin, die uns auf meinen Anruf hin die dortige Kirche (13. Jahrhundert) aufschließt, erklärt uns, dass das einstige Pastorat inzwischen privat vermietet ist und der Gemeinderaum nicht ohne Erlaubnis des Pastors verfügbar ist. Der aber ist im Urlaub. Vielleicht aber gäbe es im Ort eine Chance.

Im Ort gibt es nur eine etwas hochpreisige Gaststätte und ansonsten nur geschlossene Läden. Es ist schließlich Samstagnachmittag und inzwischen kurz vor 16 Uhr. So gehen wir halt weiter nach Dänemark.

Die deutsch-dänische Grenze ist klar erkennbar.

Kurz hinter der Grenze ist irgendwo ein Abzweig zu mehreren Sheltern. Das sind halboffene Schutzhütten, in denen Wanderer übernachten können. Aber mit immer noch nasser Treckinghose,

Strümpfen und Schuhen und bei deutlich unter 20 °C (für die Nacht sind 12 °C angesagt) kann ich mir eine solche Übernachtung nicht vorstellen. Das gleiche gilt auch für den nassen Wanderweg am Norresö. Stattdessen nehmen wir den gleich langen Radweg neben der Landstraße und erreichen so **Tønder** statt von Süden halt von Westen.

Der Weg ins alte Stadtzentrum mit den vielen schönen Häusern und der Fußgängerzone ist gut zu finden, und gegen 17:40 Uhr erreichen wir die Stadtkirche.

Vestergade im Stadtzentrum von Tondern / Tønder

Kurz vor 18 Uhr treffen wir dann im Danhostel, der hiesigen Jugendherberge, ein, die auch den benachbarten Campingplatz mitverwaltet. Leider schließt die Rezeption hier bereits montags bis freitags schon um 16 Uhr, samstags (also heute) und sonntags sogar bereits um 12 Uhr. Ich versuche noch, jemanden über eine Art Hotline oder Trouble Desk zu kontakten, erreiche aber nur einen Anrufbeantworter.

Aktuell scheint zwar gerade einmal die Sonne, aber der Wind frisch zunehmend auf, so dass ich beschließe, hier zu bleiben und abzuwarten, ob sich noch jemand auf meine Nachricht hin meldet. Das ist nicht der Fall.

Wir ziehen uns in den Fernsehraum zurück. Der ist mit einer Tischtennisplatte, einem Tischkicker sowie zwei Sitzecken, jeweils mit Couch (!), Tisch sowie einem Sessel möbliert. Also verbringen wir den Abend hier. Während sich draußen die Baumkronen heftig bewegen, ist es hier warm und angenehm. Und WLAN habe ich auch. Kito liegt derweilen wie fast jeden Abend auf meiner Fleecejacke in einem der Sessel und schläft tief und fest. Getrunken hat er zwischendurch und auch reichlich gefressen. Ansonsten scheint er (wie ich) nur froh zu sein, hier im Warmen zu sein und in Ruhe diesen Tag nachverarbeiten zu können.

Erkenntnis des Tages: Die Zeiten, in denen man wie früher nachmittags spontan entscheiden konnte, wie weit man noch unterwegs sein und in welcher Jugendherberge man einkehren will, sind offenbar vorbei. Bei meinem ersten Aufenthalt hier im Rahmen meiner Fahrradtour im Sommer 1973 war dies alles wesentlich unkomplizierter.

Tageskilometer: 24,2 km

Gesamtkilometer: 143,3 km

07.07.2024 – TAG 7
EXTRATOUR VON TØNDER NACH LØGUMKLOSTER
24,2 KM

Auch die Nacht auf der Couch in der Jugendherberge ist ruhig und angenehm. Wir können ungestört durchschlafen. Gegen acht Uhr erledigen wir Kitos Frührunde. Nach den Formalitäten an der Rezeption sind wir heute bereits gegen halb neun unterwegs.

Wir gehen denselben (direkten) Weg über die Søndergade zurück ins Zentrum und zur **Kristkirke**. Die ist jetzt zwar geöffnet, aber wegen Gottesdienstvorbereitungen leider nicht zu besichtigen. Damit entfällt auch ein Pilgerstempel aus Tønder.

Kristkirke in Tondern / Tønder

Vestergade in Tondern / Tønder

Kaufmannsfigur (Detail) in Zentrum in Tondern / Tønder

90

Da die Innenstadt ansonsten noch wie ausgestorben ist, brechen wir auf und machen uns auf den Weg in Richtung Løgumkloster. Wir folgen der Østergade bis zu ihrem Ende und dann der Carstensgade ebenfalls bis zu ihrem Ende. Unterwegs nutzen wir eine Bank zu einer kurzen Brötchenpause. Vor der Pionierkaserne biegen wir dann nach rechts in den Nørdre Landevej ab, überqueren bei einem Kreisverkehr die „Bundesstraße" 11 und folgen geradeaus dem Åbenråvej.

Zur Abwechslung scheint heute die Sonne, und die Temperaturen steigen auf gut 25 °C. So ist wenigstens unser Bonus- und zugleich Schlusstag dieser Pilgerreise noch einmal so richtig sommerlich. Am Ortsrand legen wir in einem muschelförmigen Buswartehäuschen eine weitere von heute vielen Trinkpausen ein.

Bei Toft verläuft unser Weg ein kurzes Stück lang parallel zum Åbenråvej, der Straße 435, kehrt dann aber wieder zu ihm zurück. In **Store Emmerske** biegen wir dann vom Geh-/Radweg der vielbefahrenen 435 ab und sind fortan nur noch auf kleinen Straßen bzw. landwirtschaftlichen oder Wanderwegen unterwegs.

Zwischen Store Emmerske und **Travsted** passieren wir einen Bauernhof, vor dem vier Kinder im Vorschulalter spielen. Als eine etwa fünfjährige dänische Hundeexpertin uns beide sieht, konstatiert sie bei Kitos Anblick blitzschnell: *„Det är en Rottweiler!"* Da sind Kito und ich echt verblüfft.

Unser Pilgerweg verläuft hier ziemlich dicht nahe des Flüsschens **Vidå**, macht allerdings viele Kurven und Haken, so dass ich annehme, dass dies nicht der ursprüngliche Verlauf des mittelalterlichen Handelswegs ist, sondern einfach nur verkehrsarme und naturnahe Alternativen. Die Originalroute dürfte etwas weiter östlich gewesen sein, denn dort gibt es eine vom Verlauf her wesentlich plausiblere Trasse namens **Dravedvej** (Trabweg), die aber heutzutage zumindest größtenteils zu verkehrsreich ist.

Die teils eindrucksvollen und schnell durchziehenden Wolken brachten auch den einen oder anderen Schauer vorbei.

Links des Wegs scheint es am Horizont gerade heftig zu regnen.

Ansonsten war es heute sonnig und sehr warm und schwül.

Draved Skov

Buswartehäuschen, bestens zur geschützten Pilgerpause geeignet

Möglicherweise hat sich diese Trasse einfach so sehr bewährt, dass man sie bis in die Gegenwart immer weiter ausgebaut hat. Unsere Route ist immerhin als Wanderweg namens **Drivvejen** (Treibweg) beschildert und dabei größtenteils mit der nationalen Fahrrad-Route Nr. 1 (**Vestkystenruten**) identisch.

In **Høgslund** möchte ein Kind Kito streicheln. Ich erkläre der Mutter, dass Kito aus dem Tierschutz kommt und vor fremden Menschen Angst hat und leicht zuschnappt, was die Mutter ihrer Tochter so übersetzt: *„Det är bang..."*

An der folgenden T-Kreuzung halten wir uns rechts und gehen zum nahegelegenen Örtchen **Kongsbjerg,** wo wir nach links in den Kongsbjergvej biegen, der uns nach Nordosten in Richtung Dravedvej und Løgumkloster voranbringt.

Nach diversen Trinkpausen erreichen wir das **Kongens Mose** (Königsmoor) sowie den **Draved Skov** (Draved Wald), zwei wertvolle Naturschutzgebiete. Kongens Mose ist mit 250 Hektar eines der größten dänischen Hochmoore. Der ebenfalls 250 ha große Draved Skov bestand bereits vor rund 1500 Jahren und ist einer der ältesten Wälder der Region. Er blieb vor allem erhalten, weil er durch die umliegenden Moore schlecht zu erschließen (und abzuholzen) war. Seit rund 100 Jahren ist er weitgehend sich selbst überlassen, was auch – abgesehen von einer Beweidung durch Schafe – für das Königsmoor gilt.

Ich habe mangels Entfernungsangaben nach Løgumkloster keinerlei Idee, wie weit es dorthin noch ist und wann wir dort ankommen werden. Verabredet sind wir für 18:30 Uhr: Christine wird mit ihrem Auto aus Hamburg kommen. Sie hat für heute Abend ein Zimmer auf einem alten Dreiseitenhof aus den 1870er Jahren in Hoyer gebucht. Von dort wollen wir morgen zu dritt Rømø und Tønder erkunden. Als wir um 15:30 Uhr den Tønder Landevej erreichen, zeigt uns plötzlich ein Schild an „Løgumkloster 1 km“! Dass wir unser Tagesziel heute so früh erreichen, hatte ich nicht erwartet.

Knapp nach dem Ortseingangsschild **Løgumkloster** biegen wir, wie in unserem Streckentext empfohlen, zunächst in den Industrivej und folgen der Beschilderung „Krigsfangegrave“.

In einem Wäldchen finden wir einen kleinen Friedhof, der zum 1915 errichteten Kriegsgefangenenlager Løgumkloster gehörte. In diesem konnten 2000-3000 Kriegsgefangene interniert werden. Als im März 1917 hier eine Flecktyphus-Epidemie ausbrach, verstarben daran der deutsche Lagerarzt sowie 71 Gefangene. Während der Arzt auf dem örtlichen Friedhof bestattet wurde, begrub man die sechs belgischen, elf französischen und 54 russischen Toten in einem kleinen Waldstück direkt westlich des Lagers. Ein separates Einzelgrab wurde vermutlich für einen weiteren, jüdischen Toten erstellt. Der Friedhof in seiner heutigen Form mit dem dazugehörigen Denkmal wurde am 15. Juni 1923 (ein)geweiht.

Friedhof der bei einer Flecktyphus-Epidemie 1917 verstorbenen Kriegsgefangenen des Kriegsgefangenenlagers Løgumkloster

Wir kehren zum Tønder Landevej zurück, der uns in wenigen Minuten zu unserem Ziel, der **ehemaligen Kloster- und heutigen Pfarrkirche Løgumkloster** führt. Die von Zisterziensern errichtete Kirche gilt als eine der schönsten mittelalterlichen Kirchen Dänemarks. Das Zisterzienserkloster wurde im Jahr 1173 von Zisterziensermönchen aus dem Kloster Herrevad in Schonen (heute Schweden), einer Filiation von Cîteaux, zunächst in Seem östlich von Ribe gegründet und 1175 nach Løgumkloster verlegt, wo sich zuvor wohl schon ein Cluniazenserkloster befunden hatte. Die 1325 vollendete Klosterkirche war dabei der Nordflügel einer vierflügeligen Klosteranlage.

Nach der Reformation, die wohl im Jahr 1548 das Ende des Konvents brachte, wurde die Klosterkirche zur Pfarrkirche, während die Klostergebäude weitgehend abgebrochen wurden. Von

96

den Klausurgebäuden ist nur der südlich an das Querhaus der Kirche angrenzende, im dritten Viertel des 13. Jahrhunderts errichtete nördliche Teil des Ostflügels mit dem Kapitelsaal erhalten. Die Kirche ist eine dreischiffige Backstein-Pfeilerbasilika. Sie zeigt den Übergang vom romanischen zum gotischen Stil.

Modell des einstigen Zisterzienserklosters

Da Hunde in dieser Kirche unerwünscht sind, muss Kito draußen bleiben und meinen Rucksack bewachen, was mir die Chance gibt, die Kirche ohne diesen Ballast in Ruhe zu besichtigen. Bis sie um 17:00 Uhr geschlossen wird, reicht die Zeit heute gut aus.

Als ich wieder draußen bei Kito bin, stelle ich fest, dass es zwischenzeitlich einen kleinen Schauer gegeben haben muss, denn Hund und Rucksack sind leicht angefeuchtet.

Mit Christine sind wir um 18:30 Uhr hier verabredet. In diesen gut 1 ½ Stunden hätten wir uns natürlich auch noch den Ort anschauen können, ziehen es jedoch vor, uns einen geschützten und am besten sonnigen Rastplatz zu suchen. Wir erproben mehrere

Plätze, die aber meist zu sehr dem nun kühlen Wind ausgesetzt sind. Letztlich finden wir einen geschützten Platz im Eingangsbereich des nördlichen Seitenschiffs der Kirche. Kito springt, was er sonst eher selten macht, auf meinen Schoß und kuschelt sich an mich. Dass in der folgenden Stunde ein großer Mann dieses Portal aufschließt und die Kirche betritt, missfällt meinem kleinen Beschützer sehr. Zwei weitere Männer folgen, und ich kann erkennen, dass sie Kirchenmusik vorbereiten. Als der große Mann die Kirche wieder verlässt, spreche ich ihn an. Es ist der hiesige Hauptpastor, *Sognepræst Simon Jylov.*

Als Christine gegen 18:10 Uhr neben dem Friedhof vorfährt und zu uns kommt, ist Kito total aus dem Häuschen. Gemeinsam fahren wir nach Høyer, das nördlich von Tønder nahe der Nordseeküste liegt. Hier hat Christine für uns ein Zimmer auf einem alten Dreiseitenhof, einem Bauernhof aus der Mitte des 19. Jahrhunderts, gebucht. Das Zimmer und der gesamte Hof gefallen uns sehr. Da unsere Gastgeberin perfekt und akzentfrei Deutsch spricht, frage ich sie, woher sie kommt. Zunächst antwortet sie „aus Hamburg", aber dann stellt sich heraus, dass sie gerade einmal zwei Kilometer von unserem Zuhause in Sasel aufgewachsen ist.

Erkenntnisse des Tages: Die Zusatzetappe von Tønder nach Løgumkloster ist von der Wegführung her hübsch und ruhig, aber unspektakulär. Dafür erfahren wir endlich, dass Kito kein Pinscher, sondern eigentlich ein Rottweiler ist! Die einstige Klosterkirche in Løgumkloster ist weiterhin beeindruckend. Und die Welt ist klein.

Tageskilometer: 23,2 km

Gesamtkilometer: 166,5 km

RÜCKBLICK & PERSÖNLICHES FAZIT

Auch diese Pilgerreise durch den Kirchenkreis und die Region Nordfriesland war für Kito und mich immer wieder spannend. Natürlich gab es diverse Höhen und Tiefen, vor allem wetterbedingte. Aber letztendlich hatte sich zum Ende eines jeden Pilgertages wieder alles auf wundersame Weise zum Guten gefügt.

Wie auch bei meinen ersten drei Pilgertouren mit Kito in diesem Jahr erlebten wir auch auf dieser die wohltuende Gastfreundschaft und Unterstützung der Kirchengemeinden, die uns auf unserem Weg in ihren Gemeindehäusern Obdach und Schlafplatz offerierten. Dafür möchte ich mich hier bei allen unseren Ansprechpartnern – Pastoren und Pastorinnen sowie Gemeindesekretärinnen – ausdrücklich bedanken.

Was mir auch dieses Mal wichtig ist, ist der historische Hintergrund dieser von uns durchwanderten Landschaft. Auf unserem Weg von Dithmarschen bis nach Nordschleswig lernte ich jede Menge Zusammenhänge verstehen, über die ich mir bis dato keine Gedanken gemacht hatte. So hatte ich nicht gewusst, dass das primäre Siedlungsgebiet ursprünglich nur die Geest gewesen war, dass die Marschengebiete und die Inseln lange Zeit unbewohnt waren und dass die Nordfriesen tatsächlich aus Friesland und Ostfriesland hierher eingewandert waren, um zwar in zwei Wellen um 800 und um 1100 n. Chr. Nur sie hatten die Marschlandschaft und die (damals noch wesentlich größeren) Inseln besiedelt und eingedeicht. Und nur sie lagen mit ihrem jeweiligen Landesherrn, dem Herzog von Schleswig und zugleich König von Dänemark, wegen Steuerpflichten, die es in ihrer Herkunftsregion nicht gab, im steten Streit.

Auch die nach der Volksabstimmung 1920, also vor gerade einmal gut einhundert Jahren, hat im Norden unseres Pilgerwegs deutliche Veränderungen bewirkt. Glücklicherweise ist die

Gegenwart nach dem 2. Weltkrieg entspannt und freundschaftlich genug, so dass es zwischen Dänen und deutschen Nordschleswigern bzw. zwischen Deutschen und dänischen Südschleswigern schon lange ein friedliches und freundliches Miteinander gibt. Dazu trägt nicht zuletzt auch die dänische Mentalität mit bei, die ich auch seit mehr als 25 Jahren bei meinen zahlreichen dänischen Lauffreunden immer wieder aufs Neue bewundere und schätze.

Auch unter diesem Aspekt sind das Schlussstück dieses Wegs und die Zusatzetappe etwas Besonderes für mich. Und Dänemark ist nach Spanien, Deutschland, Luxemburg, Polen und Frankreich mein sechstes Pilgerland und Kitos fünftes (er war noch nicht in Spanien).

EINKAUFSMÖGLICHKEITEN AM PILGERWEG IM SOMMER 2024

Auf unserem Weg von Lunden nach Tondern / Tønder im Juli 2024 entdeckte ich unterwegs folgende Einkaufsmöglichkeiten, die <u>direkt am Pilgerweg oder in seiner unmittelbaren Nähe</u> liegen:

<u>Lunden:</u> **REWE**-Markt, am südwestlichen Ortsrand, abseits der Strecke

<u>Tönning:</u> im Gewerbegebiet direkt an der Strecke: **LIDL**-Markt, Dithmarscher Straße 7, Mo-Sa 7:00-21:00 Uhr, So 11:00-17:00 Uhr, **REWE**-Markt, Dithmarscher Straße 1, Mo-Sa 7:00-22:00 Uhr, So 11:00-17:00 Uhr, und **ALDI**-Markt, Friedrichstädter Chaussee 36, Mo-Sa 7:00-21:00 Uhr, So 11:00-17:00 Uhr,

<u>Oldenswort:</u> „**Unse Koopmann**", Lasse Schröder, Dorfstraße 12, 25870 Oldenswort, im Ortszentrum direkt an der Strecke, neben der Volksbank, Mo/Di/Do/Fr 6:00-12:00 & 14:00-18:00 Uhr, Mi & Sa 6:00-12:00 Uhr, So 7:00-11:00 Uhr

<u>Witzwort:</u> **EDEKA**-Markt Pioch, Dorfstraße 3, 25889 Witzwort, im Ortszentrum direkt an der Strecke, Mo/Di/Do/Fr 7:30-12:30 & 14:30-18:00 Uhr, Mi & Sa 7:30-12:30 Uhr

<u>Husum:</u> diverse, darunter auch **MARKANT**-Markt, Marktstraße 2-3, 25813 Husum, direkt an der Strecke, Mo-Sa 7:00-21:00 Uhr

<u>Breklum:</u> **EDEKA**-Markt Nissen, Husumer Straße 17, 25821 Breklum, Mo-Sa 7:00-20:00 Uhr und **LIDL**-Markt, Husumer Straße 65, 25821 Breklum, Mo-Sa 7:00-21:00 Uhr

Leck: **EDEKA**-Markt Lück, Hauptstraße 28, 25917 Leck, im Ortszentrum direkt an der Strecke, Mo-Fr 8:00-20:00 Uhr, Sa 8:00-18:00 Uhr

Niebüll: **PENNY**-Markt, Zum Stellwerk 4C, 25899 Niebüll, direkt an der Strecke, Mo-Sa 7:00-21:00 Uhr, So 11:00-17:00 Uhr, und **REWE**-Markt, Zum Stellwerk 1, 25899 Niebüll, direkt an der Strecke, Mo-Sa 7:00-22:00 Uhr, So 11:00-17:00 Uhr, und **EDEKA**-Markt Lück, Uhlebüller Straße 6, 25899 Niebüll, in der unmittelbaren Nähe des Gemeindehauses, Mo-Sa 7:00-20:00 Uhr

Tondern/Tønder: **REMA 1000**, Kongevej 5, 6270 Tønder, ca. 300 m neben der Strecke, Mo-So 7:00-21:45 Uhr, und **ALDI**-Markt, Kongevej 1, 6270 Tønder, direkt an der Strecke, Mo-So 8:00-18:00 Uhr

Lügumkloster/Løgumkloster: **SuperBrugsen**, Østergade 25, 6240 Løgumkloster, im Ortszentrum, Mo-So 8:00-20:00 Uhr

UNSERE UNTERKÜNFTE

Pilgerherberge im Gemeindehaus Oldenswort, Osterender Chaussee 3, 25870 **Oldenswort, Pastorin Inke Thomsen-Krüger**, oldenswort@kirche-eiderstedt.de; 5 Mehrbettzimmer, Duschen und Küche (mit Kühlschrank, Herd, Wasserkocher, Kaffeemaschine) sind vorhanden, WLAN – unsere Kosten: 30 €

Pilgerunterkunft im Bonhoefferhaus (Gemeindehaus der Christuskirche), Bonhoefferweg 1, 25813 **Husum, Pastorin Heike Braren**, 04841 7725256, heike.braren@kirche-husum.de; Kirchenbüro Norderstraße 2, Di + Do 9:00-12:00, info@kirche-husum.de, 04841 779280, Übernachtung mit eigener Isomatte und Schlafsack im Jugendraum in der 1. Etage, Dusche vorhanden, ebenfalls Küche mit Kühlschrank, Wasserkocher und Kaffeemaschine – Donativo

Pilgerunterkunft im Gemeindehaus der ev.-luth. Kirchengemeinde St. Nikolai Bordelum, Zum Pastorat 1, 25852 **Bordelum**, Pastorin Frau Schaack, pastorin@kirche-in-bordelum.de, **Kirchenbüro Kirstin Magnussen**, 04671 2227, kirche-bordelum.de, Di 9-12 und 14-17 Uhr, Do 9-12 Uhr; Übernachtung mit eigener Isomatte und Schlafsack im Saal, keine Dusche, aber WCs mit Waschbecken vorhanden, ebenfalls Küche mit Kühlschrank, Wasserkocher und Kaffeemaschine – Donativo

Pilgerunterkunft im Gemeindehaus der ev.-luth. Kirchengemeinde St. Willehad Leck, Süderstraße 4, 25917 **Leck, Pastor Peter Janke**, janke@kircheleck.de, 04662 4545; Kirchenbüro Margit Linde & Bianka Jacobsen, buero@kircheleck.de, 04662 5762, Di, Mi, Fr 8:30-11:30 und Do 14:00-17:00 Uhr; Übernachtung mit eigener Isomatte und Schlafsack im Saal, keine Dusche, aber WCs mit Waschbecken vorhanden, ebenfalls Küche mit Kühlschrank, Wasserkocher und Kaffeemaschine – Donativo

Pilgerunterkunft im Gemeindehaus der ev.-luth. Kirchengemeinde der Christuskirche Niebüll, Friesische Straße 5, 25899 **Niebüll, Pastor Dr. Christian Winter**, Kirchenstraße 6, 25899 Niebüll, 04681 8781, christian.winter@kirche-nf.de; Pfarrbüro Sonja Momsen-Looft, 04661 8381, Di & Fr 8-13 Uhr, Do 14-18 Uhr; Küster: Jens Reuter, 0179 4607288; Übernachtung mit eigenem Schlafsack, Sofa und Dusche vorhanden, ebenso WCs mit Waschbecken sowie Küche mit Kühlschrank, Wasserkocher und Kaffeemaschine – Donativo

Danhostel Tønder (Jugendherberge), Sønderport 4, 6270 Tønder, +45 74722826, Tove Fich & Christine Uhd, booking@danhostel-tonder.dk, 30 Zimmer (alle mit eigenem Bad/Dusche/WC), 140 Betten, gemeinsame Gästeküche & Aufenthaltsräume

Die **fett gedruckten Personennamen** kennzeichnen unsere direkten Ansprechpartner.

ÜBER DEN AUTOR

Christian Hottas, Jahrgang 1956, lebt seit 1979 in Hamburg, wo er seit 1993 als Facharzt für Allgemeinmedizin mit den Zusatzschwerpunkten Sportmedizin, Chirotherapie und reisemedizinische Beratung niedergelassen ist. Während seiner Sportmedizin-Weiterbildung lief er im April 1987 in Hamburg seinen ersten Marathon und im Juli 1987 in Karlsruhe seinen ersten Ultramarathon.

Im August 2005 absolvierte er seinen 1000. Lauf über mindestens Marathondistanz, im Mai 2013 seinen 2000. und im Juni 2021 dann seinen 3000. derartigen Lauf. Seit dem 1. August 2011 führt er die „World Megamarathon Rankings" (Weltrangliste der Marathon-Vielfach-Finisher) mit inzwischen großem Vorsprung an.

Zum Pilgern kam er erst im Herbst 2018, als er mit seiner heutigen Lebensgefährtin Christine Schroeder seinen ersten Jakobsweg, den Camino Inglés, ging.

Zunächst pandemiebedingt, konzentrierte sich sein Interesse ab 2020 auf deutsche Pilgerwege, wobei ihn insbesondere weniger bekannte Strecken faszinieren. Seit Sommer 2021 ist auch Familienhund Kito (Pinscher-Mix, Jahrgang 2019) mit Begeisterung dabei.

Seither hat es für Christian auch keinen Pilgertag ohne Kito gegeben. Kito ist Pilger durch und durch und Christians zuverlässiger Begleiter und Beschützer. So kompliziert Pilgern mit Hund anfangs schien, so sehr ist jetzt, da Kito und seine Menschen immer besser aufeinander eingespielt sind, Pilgern <u>ohne</u> Hund beinahe undenkbar.

Derzeit sind **<u>alle drei</u>** – Christian, Christine und Kito – als Jakobspilger von ihrem Zuhause in Hamburg nach Santiago de Compostela unterwegs. Bremen und Wildeshausen (Herbst 2021), Osnabrück, Münster, Herdecke (Frühjahr 2022), Köln und

Trier (Herbst 2022), Metz, Toul und Vézelay (Herbst 2023) sowie Nevers und Limoges (Herbst 2024) haben sie bereits erreicht. 2025 werden alle drei noch in Frankreich unterwegs sein und dann durch Spanien pilgern.

Kito und Christian sind zudem noch **zu zweit** auf einer anderen Route von Hamburg nach Aachen unterwegs und haben dabei über Soltau, Mariensee, Loccum und Minden, Bielefeld und Soest bis April 2024 Werl erreicht. Von hier geht es 2025 weiter.

Auf der VIA ROMEA GERMANICA, einem Pilgerweg von Stade nach Rom, der dem Rückweg-Route einer Dienstreise des Stader Abtes Albert 1236/37 folgt, sind **beide** im Frühjahr und Sommer 2023 von Stade bis nach Nordhausen gegangen.

Kito und Christian auf der Via Romea im Sommer 2023

WEITERE ERLEBNIS-/PILGERBERICHTE DES AUTORS

Camino Inglés – Schnupper-Pilgern von Ferrol nach Santiago de Compostela (Band 1, gegangen 2018, erschienen Herbst 2023, ISBN: 9 783758 308581)

Hümmlinger Pilgerweg – Von Stein zu Stein Pilgern im Emsland (Band 2, gegangen 2020, noch in Vorbereitung)

Sigwardsweg – Pilgern von Minden nach Idensen und zurück (Band 3, gegangen 2020, noch in Vorbereitung)

Mittelalterlicher Pilgerweg von Berlin nach Wilsnack – Pilgern mit Hund in Brandenburg (Band 4, gegangen 2021, erschienen Herbst 2023, ISBN: 9 783758 308550)

Annenpfad – Kurz-Pilgern in der Prignitz (Band 5, gegangen 2021 & 2022, erschienen Herbst 2023, ISBN: 9 783757 882525)

Jacobusweg Lüneburger Heide von Hamburg & von Lüneburg nach Kloster Mariensee – Jakobspilgern mit Hund und 9-Euro-Ticket (Band 6, gegangen 2022, erschienen Ende 2023, ISBN: 9 783755 739562)

Dithmarscher Jakobsweg – Pilgern mit Hund auf der Westküstenroute der Via Jutlandica (Band 7, gegangen 2022, erschienen Herbst 2023, ISBN: 9 783757 884147)

Jakobspilgern mit Hund von Hamburg nach Santiago de Compostela (I) – Teil 1: von Hamburg nach Trier –Via Baltica, Osnabrücker und Bergischer Jakobsweg sowie Via Coloniensis (Band 8, gegangen 2021-2022, erscheint Ende 2024)

Pilgern mit Hund von Hamburg nach Aachen (Band 9, von Hamburg bislang bis Werl gegangen 2022-2024, noch in Vorbereitung)

Via Romea Germanica (I) – Rom-Pilgern mit Hund, Teil 1: von Stade nach Nordhausen (Band 10, gegangen 2023, erschienen Januar 2024, ISBN: 9 783758 312854)

Jakobspilgern mit Hund von Hamburg nach Santiago de Compostela (II) – Teil 2: von Trier nach Vézelay – zwischen Via Coloniensis und Via Lemovicensis (Band 11, gegangen 2023, erschienen Februar 2024, ISBN: 9 783758 338267)

Klosterdreieck Ratzeburg – Rehna – Zarrentin: Pilgern mit Hund rund um den Schaalsee und über die einstige innerdeutsche Grenze (Band 12, gegangen April 2024, erschienen August 2024, ISBN: 9 783759 769657)

Europäischer Zisterzienser Weg durch die UNESCO-Biosphärenreservate Schaalsee und Elbe – Pilgern mit Hund von Rehna nach Lauenburg (Band 13, gegangen Juni 2024, erscheint Herbst 2024, ISBN: 9 783758 350771)

Nordsee-Pilgerweg in Nordfriesland – Pilgern mit Hund von Lunden nach Tønder bzw. Løgumkloster (Band 14, gegangen Juli 2024, erscheint Herbst 2024, ISBN: 9 783759 761163)

Jakobspilgern mit Hund von Hamburg nach Santiago de Compostela (III) – Teil 3: von Vézelay nach Limoges – Via Lemovicensis / Voie de Vézelay (Band 15, gegangen September 2024, erscheint Herbst 2024, ISBN: 9 783758 350689)